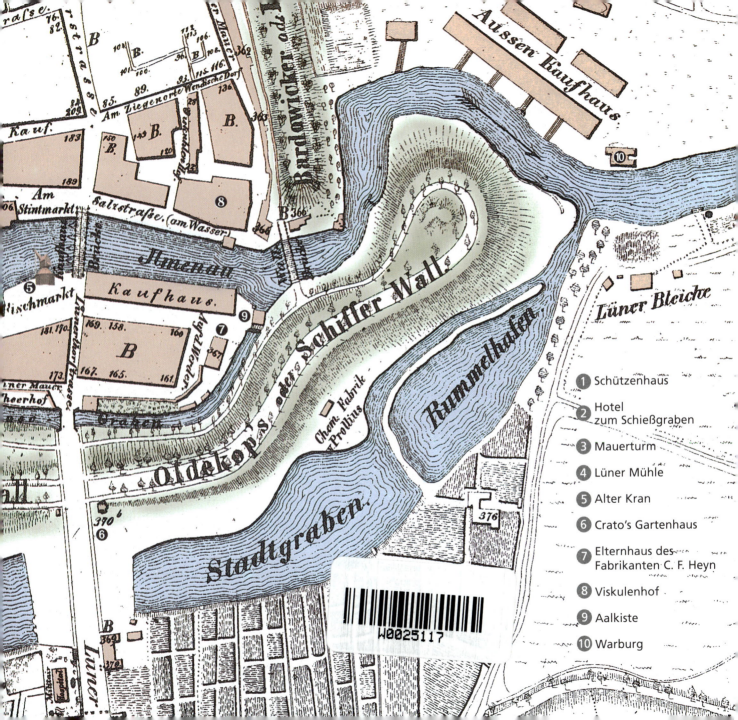

Das Lüneburger Wasserviertel

Das Alte Kaufhaus, Zeichnung von Franz Krüger, 1907, coloriert von Friedrich Gross, Sammlung Preuß

Werner H. Preuß

Das Lüneburger Wasserviertel

HUSUM

Stapellauf des Salz-Ewers „De Sulte" am 27. November 2009. Hunderte von Schaulustigen säumten die Straßen und Brücken am Hafen. Der Nachbau der für Lüneburg typischen Lastschiffe dient als Museums- und Fahrgastschiff.
Foto: Hans-Joachim Boldt

Inhalt

Vorwort zur zweiten Auflage	7
Zauberhaftes Lüneburg, märchenhaftes Wasserviertel	8
Wie man Gäste empfängt	11
Die Mühlen und der „Märchenturm"	17
Pons: die Brücke am Hafen	29
Das Kaufhaus und der Alte Kran	35
Residenz am Wasser	48
Ein neues Hotel im „Alten Kaufhaus"	49
Die Bürger- und Schifferkirche St. Nicolai	55
Das Schützenfest	66
Fisch- und Stintmarkt	73
Der Viskulenhof	77
Leben in einem Lüneburger Bürgerhaus	81
Am Werder	87
Wassersnot	91
Die Cratos	96
Der kluge Kranich	102
Die Kunst des Reisens	103

Das Hotel „Altes Kaufhaus" im Wasserviertel, wie es nach der Fertigstellung im Februar 2010 aussehen wird. Mit dieser Visualisierung stellten Henning J. Claassen und Architekt Johann von Mansberg das Projekt im Februar 2009 der Öffentlichkeit vor.

Vorwort zur zweiten Auflage

Immer wieder fragen Hotelgäste nach der Geschichte der Mühlen, des Abtswasserturmes und der anderen historischen Gebäude des „Bergström"-Ensembles. Der Alte Kran, das Alte Kaufhaus und die Hafenanlagen im Lüneburger Wasserviertel entzünden die Fantasie der Besucher ebenso. Und zuweilen hört man darüber Dinge erzählen, die sich von den historischen Tatsachen weit entfernt haben. Aber kann man Geschichte interessierten Gästen auf spannende Weise nahebringen?

Als mir Dr. Werner Preuß 2003 das Konzept zu diesem frischen, nicht nur für Geschichtsliebhaber lesenswerten Buch präsentierte, habe ich mich gerne entschlossen, die finanziellen Mittel dafür bereitzustellen. In Erzählungen, Bildern und Berichten wird Vergangenes wieder lebendig, und die Geschichte geht über in die Gegenwart.

Der Erfolg hat dem Konzept recht gegeben. Wegen anhaltender Nachfrage mussten wir beim Verlag immer wieder neue Exemplare bestellen. Seit die malerische Kulisse des Wasserviertels und des „Bergström" 2007 für die Fersehserie „Rote Rosen" entdeckt wurde, erfreut sich Lüneburg einer deutlich wachsenden Zahl von Besuchern. Inzwischen ist die erste Auflage des Buches restlos vergriffen.

Das Wasserviertel ist ein sehr lebendiges Quartier im Zentrum von Lüneburg, in dem sich seit 2004 vieles verändert hat. Die Renovierung der Crato-Villa ist lange vollendet und das „Alte Kaufhaus" nach aufwendigem Umbau aus der Feuerwache in ein attraktives Hotel verwandelt worden.

Für diese zweite Auflage wurden Text und Bilder aktualisiert. Hinzugekommen sind zwei Kapitel über das neue Hotel im alten Kaufhaus und über St. Nicolai, die Kiche des Wasserviertels, die 2009 ihr 600-jähriges Bestehen feierte. Als Vorsitzender der Bürgerstiftung St. Nicolai lag mir dies besonders am Herzen.

Ich wünsche Ihnen viel Vergnügen beim Lesen und Entdecken des alten und neuen Lüneburger Wasserviertels!

Lüneburg, im Februar 2010
Henning J. Claassen

Henning J. Claassen, Eigentümer des „Bergström"-Ensembles und Vorsitzender der Bürgerstiftung St. Nicolai.
Foto: Andreas Schlitzkus
November 2009

Zauberhaftes Lüneburg, märchenhaftes Wasserviertel

„Als ich in einer Vollmondnacht gegen zwölf Uhr in dem kleinen Bahnhof ausstieg und friedlich ins Hotel wandern wollte, weil ich mein Kommen erst für den nächsten Vormittag angemeldet hatte, fing mich ein zierlicher fremder Herr auf dem Bahnsteig ab. Es war mein Bauherr, der sich ausgerechnet hatte, daß ich in der Nacht ankommen mußte, und der wußte, wie seine geliebte Stadt im Vollmondglanze wirkte. Als ob wir mitten auf einer gemeinsamen Reise wären, strolchten wir in allen Winkeln der malerischen alten Straßen und Plätze umher und entflammten gegenseitig unsere Begeisterung. Zum erstenmal empfand ich ganz den zauberischen Reiz des ehrwürdigen, strengen Backsteinbaues. Mondschein auf glitzernden Kirchturmflächen, Mondschein auf hohen, schiefen Giebelzeilen, Mondschein in verschwiegenen Wasserläufen und zwischen den alten Stadtwällen; da verschwinden alle die blöden Zutaten unserer entstellenden Zeit, und das alte Lüneburg der Sülfmeister[1] taucht empor, als wäre es niemals berührt worden – eine

Das „Hotel zum Schiessgraben" zählte um 1900 schon zu den „ersten Häusern" Lüneburgs. Heute ist es Mittelpunkt des Bergström-Ensembles, und der abgebildete „Untere Saal" verleiht wieder Feiern und Empfängen einen eleganten Rahmen. Kunstverlag Eduard Lühr, Lüneburg. Farbige Postkarte. Sammlung Boldt

Mit einem herrlichen Gartenrestaurant, hervorragender Küche, einer reizvollen Wasserlage und einem bezaubernden Blick auf den Hafen warb das „Hotel zum Schiessgraben" schon vor mehr als einhundert Jahren. Kunstverlag Eduard Lühr, Lüneburg. Farbige Postkarte, versandt 1902. Sammlung Boldt

Stadt mit all den traulichen Winkeln, in denen Spitzwegsche Menschen[2] wohnen könnten, und doch von einer Herbheit und Größe, die nur in der kühlen nordischen Luft gedeiht.

Als wir nach zwei Uhr in unsere Wohnung kamen, wartete dort die junge Frau des Hauses treulich mit einem Imbiß auf uns, und beide waren selig, daß sie ihren Architekten in dieser Weise sogleich in die besondere Welt ihrer Stadt mit Zauberfäden hatten einspinnen können."[3]

Entzückt vom Flair der Stadt schildert Hamburgs großer Baumeister Fritz Schumacher seine erste Begegnung mit dem malerischen Lüneburg im Jahre 1905. Wie er empfanden und empfinden viele Gäste Lüneburgs. Besonders bezaubert war die Schriftstellerin Ricarda Huch 1927 vom Wasserviertel: „Unter dem breitfüßigen Abtswasserkunstturm[4] hindurch betritt man ein Zauberland: da steht dem Kaufhause mit der vornehmen Barockfront und dem Zwiebeltürmchen gegenüber der im Jahre 1346 erbaute, vielfach restaurierte Kran, ein wunderlicher Alraun[5] mit langer, grünpatinierter Nase, auf einer Seite von grauen Weiden umhangen, die tief in das vorüberfließende Wasser der Ilmenau tauchen."[6]

Anmerkungen
1. Sülfmeister: Patrizier, mächtige und reiche Pächter der Saline
2. Spitzwegsche Menschen: biedermeierliche Menschen, wie sie der Maler Carl Spitzweg (1808–1885) liebte

3. Fritz Schumacher: Stufen des Lebens. Erinnerungen eines Baumeisters. 2. Aufl., Stuttgart u. Berlin 1935, S. 235
4. „Wasserkunst": Wasserturm, ein technisches „Kunstwerk"
5. Alraun: Wurzelmännchen, Zauberwesen
6. Ricarda Huch: Im alten Reich. Lebensbilder deutscher Städte. Der Norden. Bremen: Carl Schünemann Verlag o.J., S.133

Unter dem Bild steht: „Hotel zum Schiessgraben. Veranda. 1911". Fotografiert hat das helle, lichtdurchflutete Café der Lüneburger Architekt Franz Krüger, der es auch entworfen hat. Museum für das Fürstentum Lüneburg

Wie man Gäste empfängt

Bahnhöfe waren die Stadttore des Industriezeitalters. Die Wehranlagen früherer Zeiten, Wälle und Gräben, Mauern, Türme und Tore, mussten dem Druck der Stadterweiterung weichen. Vom Bahnsteig trat der Reisende in die Stadt ein, und das Bahnhofsgebäude vermittelte ihm den entscheidenden ersten Eindruck von dem Geist der Bürgerschaft. Bahnhöfe waren Visitenkarten. Auch Lüneburg war sich dessen bewusst. Nicht wie Wartehallen mit Abfertigungsschaltern, sondern wie kleine Schlösser oder Herrenhäuser präsentierten sich die beiden gegenüberliegenden Bahnhöfe aus den Jahren 1847 und 1874. Edle klassizistische Gebäude sollten die Reisenden herrschaftlich empfangen.

Auch Ausfallstraßen und Stadtränder geben zu erkennen, welcher Sinn einen Ort regiert. Wuchern Gewerbe- und Wohngebiete feindlich in die Landschaft oder ist man bestrebt, eine „Stadtlandschaft" zu modellieren, in der Stadt und Land sich friedlich die Hand reichen? Das lässt erahnen, ob man hier rücksichtsvoll miteinander umgeht oder jeder nur an sich denkt. Wohl fühlt man sich in Orten, die eine eigene Identität besitzen und Fremden ebenso wie Einheimischen Orientierungspunkte bieten: Kirchen, Rathäuser, Türme, besondere Gebäude, Plätze und Brunnen, deren Gestalt Vertrauen erweckt und zu weiterer Stadterkundung anregt.

Vom Lüneburger Bahnhof führen zwei Straßen in die Innenstadt. Kürzer ist der linke Weg über die Dahlenburger Landstraße und die Altenbrückertorbrücke zum Platz Am Sande mit der St.-Johannis-Kirche. Ein wenig länger, aber abwechslungsreicher ist der rechte über die Bleckeder Landstraße und die Lünertorstraße ins Wasserviertel und weiter zum Marktplatz mit dem eindrucksvollen Rathaus.

Der industriellen Gründerzeit entsprach kunstgeschichtlich die Epoche des Historismus. Je einschneidender sich der soziale Wandel vollzog, desto mehr suchte man seelischen Halt in Zitaten aus der Vergangenheit. Als man für den Bau der Eisenbahnlinie die Wälle im Osten der Stadt abtragen ließ und eine ebene, mit Linden bepflanzte Promenade an der Schieß-

Innenansicht des Cafés im „Hotel zum Schiessgraben". Gustav Peters, Lüneburg. Bildpostkarte, versandt 1912. Sammlung Boldt

Festlich gedeckte Tische im oberen Saal des „Hotels zum Schiessgraben" um 1900. In dem Raum sind heute Hotelzimmer eingerichtet. Museum für das Fürstentum Lüneburg

grabenstraße anlegte, dachte man auch daran, die Stelle des längst abgebrochenen Lüner Tores wieder als Eingang in die Innenstadt kenntlich zu machen. Vermutlich nach Plänen des Stadtbaumeisters Eduard Friedrich August Maske (1827–1889) erwuchsen links und rechts der Straße frei stehend zwei ähnliche Villen aus gelbem Klinker, die Reichenbachsche und die Crato-Villa. Doch diese „Torpfeiler" haben nichts Wehrhaftes mehr an sich, sondern strahlen ein einladendes Flair aus, in dem sich humanistische Gesinnung und italienische Leichtigkeit verbinden.

Heute begrüßt die aufwendig restaurierte Crato-Villa täglich viele Autofahrer und Passanten. Sie gehört zum Gebäudeensemble des

Hotels „Bergström", das den Weg durch das Wasserviertel zum Marktplatz prägt. Sauber und freundlich präsentiert sich der breite Straßenzug Am Werder mit einem Gartencafé und einem zierlichen Brunnen. Das Hotel hat den kleinen Park angelegt und pflegt ihn, um anreisende Gäste willkommen zu heißen und die Lüneburger zu erfreuen.

Die Geschichte des Hotels Bergström begann, als der Lüneburger Unternehmer und Gründer einer international tätigen Maschinenfabrik, Henning J. Claassen, Ende der 70er-Jahre feststellte, dass es ein Hotel, wie er es seinen Geschäftspartnern gerne geboten hätte, in seiner Heimatstadt nicht gab. Mit der Zeit reifte in ihm die Idee, für die Gäste seiner Firma selbst ein eigenes kleines Geschäftshotel einzurichten. Auf seinen Reisen notierte er alles, was ihm in der Welt an Hotels bemerkenswert erschien. In Norwegen fand er für seine Idee den passenden Namen: „Bergström". In ihm klingen zwei Symbole Lüneburgs an: „Mons" – lateinisch: der Berg – und „Fons", die strömende Quelle. „Pons", die Brücke, heißt das dritte Symbol: Eine Brücke über die Ilmenau ließ Henning J. Claassen später tatsächlich bauen.

Als 1987 dann die historischen Gebäude des „Hotels zum Schießgraben" zum Verkauf standen, entschloss er sich, das Grundstück in reizvoller Wasserlage zu erwerben. Vor dem 1. Weltkrieg zählte das Hotel zu den „ersten Häusern" der Stadt. Seine Urgroßeltern hatten dort schon ihre Hochzeit gefeiert. Nach der Restaurierung der Gebäude und Erweiterung um einige Neubauten konnte das „Bergström" 1989 eröffnet werden. Dazu gehört seitdem auch ein ausgezeichnetes Restaurant. In Anlehnung an das historische Vorbild erhielt das „Marina Café" einen lichten Wintergarten mit geschwungenen Fenstern. Von dort genießt man vor allem abends einen wundervollen Blick über das Wasser auf die Häuser der alten Hansestadt.

Nach dem Verkauf seiner Maschinenfabrik begann Henning J. Claassen, sich seiner Hotel-Idee noch intensiver zu widmen. Neue Gebäude kamen hinzu und vervollständigten das Ensemble: zunächst die Abtsmühle mit dem

Festliche Tafel in den Tagungs- und Veranstaltungsräumen auf der Mühleninsel.
Foto: Hotel Bergström

Blick über die Ilmenau auf das Marina Café und die Lüner Mühle.
Foto: Hotel Bergström

Wasserturm und ein modernes kleines, von Wasser umflossenes Konferenzgebäude auf der Mühleninsel, dann 2001 die Lüner Mühle mit Vinothek, Bier- und Weinterrassen und 2003 die Crato-Villa. Im Februar 2010 eröffnete Henning J. Claassen im renovierten „Alten Kaufhaus" ein zweites elegantes Hotel mit Blick über den historischen Hafen.

Stadtbild- und Denkmalpflege waren bei allen Baumaßnahmen zu berücksichtigen. Besondere Probleme verursachte die Wasserlage, denn Bodenuntersuchungen ergaben, dass unter der relativ dünnen Erdkrume eine 15 m starke Torfschicht lagerte. Im Laufe vieler Jahrhunderte hatte sich das Flussbett mehrfach verändert. Pfahlgründungen mussten durch den Torf gebohrt werden, um die neu zu errichtenden bzw. zu restaurierenden Gebäude auf sichere Füße zu stellen.

Dem Investor Claassen bereitet es Freude, zu sehen, wie das Wasserviertel für Anwohner und Besucher immer attraktiver und lebenswerter wird. Nicht nur eine bestimmte Gruppe, sondern möglichst viele Menschen, Bürger der Stadt und Gäste aus aller Welt, sollen sich in seinem Gestaltungsbereich wohlfühlen. Das ist der Kern seiner Philosophie. Der Charme historischer Gebäude soll sich mit modernstem Komfort und einer bezaubernden Lage zum „Inbegriff des Wohnens" verbinden. Und die Bergström-Gäste sind von dem Ambiente wirklich begeis-

tert. Welches Hotel hat auch zwei Mühlen ganz unterschiedlicher Bauart zu bieten, einen 500-jährigen Turm mit Mauern von 1,40 m Stärke und Fenstern nach allen Himmelsrichtungen? Eine Privatbrücke gewährt das Erlebnis, über fließendes Wasser zu schreiten. Dabei blickt man auf ein Mühlengebäude, das für seine Restaurierung zweifach ausgezeichnet wurde.

Angeregt durch einen Brunnen mit einer Mädchenfigur vor dem 5-Sterne-Hotel „De Keizerskroon" in Apeldoorn bat Henning J. Claassen die niederländische Künstlerin Tineke Willemse-Steen, für das Hotel Bergström etwas Ähnliches zu schaffen, denn Kinder spielen eine wichtige Rolle in unserem Leben. Sie sind unsere Zukunft und verkörpern unsere Hoffnungen. Der Brunnen Am Werder trägt den Titel „Partner von morgen" und zeigt drei im Regen spielende Kinder: ein europäisches, ein asiatisches und ein afrikanisches. Sie stehen für die Menschen dreier Kontinente, denn alle Gäste Lüneburgs sollen sich in ihnen wiederfinden können.

Mit einer zweiten Figurengruppe wollte Henning J. Claassen dem Pessimismus ein sichtbares Zeichen entgegensetzen, der viele Menschen nach dem 11. September 2001 und vor dem nahenden Irakkrieg bedrückte. Drei Kinder tanzen unbefangen auf einem alten, bei der Restaurierung der Lüner Mühle aufgefundenen Mühlstein Ringel-Reihen. Das Motto dieser Bronzeplastik des italienischen Künstlers Leonardo Rossi lautet: „La vita é bella" (Das Leben ist schön).

Qualität zeigt sich im Detail. Architekten mit sehr großer Erfahrung im Hotelbau und internationalem Ansehen waren damit beauftragt, selbst „Kleinigkeiten" optimal zu gestalten. So entwarf der Architekt Peter Niemitz aus Boston die schmiedeeisernen Gitter zwischen

Die Rathaussuite der Abtsmühle.
Foto: Hotel Bergström

Drei Kinder spielen im Regen. Brunnen von Tineke Willemse-Steen vor dem „Bergström" Am Werder. Foto: Sofia Schweizer, 2008

Die Bier- und Weinterrassen bei der Lüner Mühle im Sonnenlicht. Foto: Hotel Bergström

Abb. Seite 17: „Alte Mühle in Lüneburg" steht auf der Rückseite dieser Pinsel- und Kreidezeichnung von Anthonie Waterloo (1610–1690). Der holländische Künstler schuf diese Ansicht der Abtsmühle und des Abtswasserturms um 1660. Ein großes Wasserrad setzte die Pumpe in Bewegung, die den Behälter im Turm mit Ilmenauwasser füllte. Weimar, Kunstsammlungen, Schlossmuseum

dem Konferenzgebäude auf der Mühleninsel, der Abtswasserkunst und der Abtsmühle. Die Aufgabe bestand darin, unterschiedliche alte und neue Gebäude sensibel miteinander zu verbinden. Dabei sollte die Zaunanlage auch dem Gesamtcharakter des Hotels entsprechen. Wenn man die Einfriedung heute im Vorübergehen kaum beachtet, spricht das für eine gelungene Lösung. Vieles ist schon für die Wiederbelebung des Wasserviertels unternommen worden. Henning J. Claassen hat hier eine ganze Hotel-Landschaft entstehen lassen. Auf Instandsetzung und eine angemessene Gestaltung warten nur noch die Ruinen des Fachwerkspeichers und das Hauptgebäude des Viskulenhofs in der Salzstraße am Wasser. Wie schön wird es sein, wenn kleine Boote mit bunten Wimpeln den alten Hafen wieder ansteuern werden!

Die Mühlen und der „Märchenturm"

„Es klappert die Mühle
Am rauschenden Bach,
Klipp klapp.
Bei Tag und bei Nacht
Ist der Müller stets wach,
Klipp klapp.
Er mahlet das Korn
Zu dem kräftigen Brot,
Und haben wir solches,
So hat's keine Not,
Klipp klapp, klipp klapp, klipp klapp."[1]

Viele Märchen, Sagen und Volkslieder ranken sich um den Müller, die Mühlen und vor allem um die verführerische „schöne Müllerin", die den verliebten Wanderer leider unglücklich werden lässt. Mühlen waren für die Menschen früherer Zeiten magische Orte. Romantisch und freundlich wie in diesem sehr bekannten deutschen Kinderlied werden sie nicht immer besungen. Oft erscheinen sie als unheimliche Stätten. Denn in den Mühlen „lebte" ein Wesen ohne Seele, eine Maschine, die auch nachts rastlos und geräuschvoll tätig war, wenn alle braven Bürger schliefen. Wer sich mit ihr einließ, den machte sie reich, zwang ihn aber auch, in ihrem Rhythmus „mitzutanzen".[2]

Wasser, Räder und Mahlsteine – alle Elemente der Mühle sind Tag und Nacht in Bewegung und erwecken in dem Müller die Lust, wie sie zu wandern. So beginnt ein anderes sehr beliebtes deutsches Volkslied mit der Strophe:

„Das Wandern ist des Müllers Lust,
Das Wandern!
Das muß ein schlechter Müller sein,
Dem niemals fiel das Wandern ein,
Das Wandern."[3]

Ein solcher wandernder Müller war in seinen jungen Jahren Christian Wilhelm Jacob Behr (1794–1877), der über fünfzig Jahre lang die Lüneburger Abtsmühle führte. Er kam aus einer Dynastie von Bäckern und Müllern, die in Winsen und Bergedorf bei Hamburg ansässig waren und deren Stammbaum sich bis auf das Jahr 1585 zurückverfolgen lässt.

Abb. Seite 18/19: Farbig angelegte „Handzeichnung von der Lage der Abts- und Lüner Mühle, so wie der Abts-Wasserkunst [...]. H. Holste. Lüneburg im Juny 1835", Ausschnitt. Stadtarchiv Lüneburg

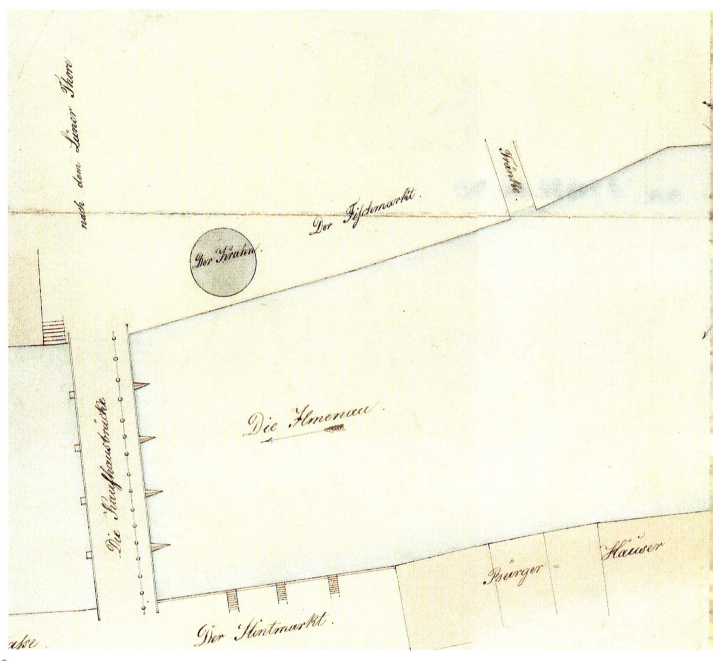

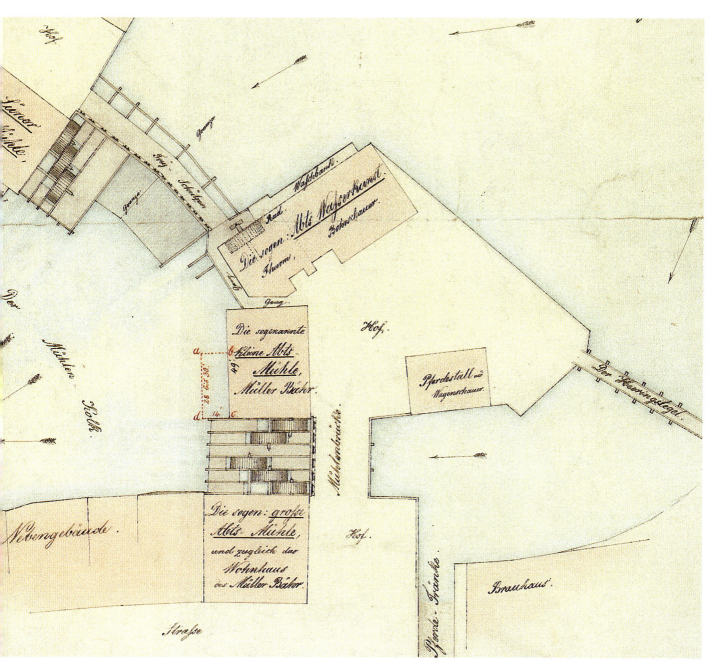

Von der Kaimauer am Fischmarkt schaut man auf die Ölmühle der Lüner Mühle (links im Bild), die Abtswasserkunst, die alte Abtsmühle (vor 1880) und ein stattliches Speicherhaus Am Stintmarkt. Von der Lüner Mühle zur Abtsmühle führte ein Holzsteg um den Abtswasserturm herum.
Foto: Wilhelm Riege, Lüneburg.
Museum für das Fürstentum Lüneburg

Von 1809 bis 1812 lernte Christian W. J. Behr das Handwerk bei einem Müller in Ratzeburg. Danach arbeitete er einige Jahre als Gehilfe seiner Eltern in der Bergedorfer Kornmühle, bis er etwa 1822 „von seinem Vater 1 Taler (oder Schilling) erhielt mit den Worten: ‚Wenn du wandern willst, ist es gut' und daraufhin als Müllergeselle nach Lüneburg ging. 1826 kaufte er dort ‚zu Erbenzins' die in Konkurs gegangene Abtsmühle."[4]

Diese Mühle hatte Herzog Heinrich der Löwe 1147 dem Benediktinerkloster St. Michaelis geschenkt. Sie unterstand seither dem Abt[5] und wurde deswegen „Abtsmühle" genannt. 1843 pachtete Christian W. J. Behr die Lüner Mühle hinzu, einen Fachwerkbau mit bunten Zierglasfenstern aus dem Jahre 1576. Die Lüner Mühle blickt auf eine ähnlich lange Geschichte zurück wie die Abtsmühle. Sie wurde 1391 erstmals erwähnt und gehörte dem Benediktinerinnen-Kloster in Lüne. Als 1803 in Deutschland die meisten geistlichen Besitzungen säkularisiert, d. h. verstaatlicht wurden, gelangte die Mühle an das kurfürstliche, später königliche „Amt Lüne".

1850 konnte Christian W. J. Behr die Lüner Mühle käuflich erwerben und 1864 schließlich auch den Erbzins auf das Grundstück der Abtsmühle bei der Klosterkammer[6] ablösen. Danach blieben beide Mühlen dauerhaft in einer Hand vereinigt. 1874 ließ Christian W. J. Behr die Lüner Mühle durch einen Anbau vergrößern.

Von seinem Schwiegervater Heinrich-Jürgen Daetz (1785–1855) erbte er darüber hinaus das Kalkwerk vor dem Bardowicker Tore.

Christian W. J. Behr war nicht nur ein sehr erfolgreicher Unternehmer, sondern auch ein guter Müller im moralischen Sinne. Für sein Wesen war es bezeichnend, „daß er während seiner Nachtwachen gern die Sterne beobachtete; daß er sehr einfach lebte, während Besucher immer reichlich bewirtet wurden; und daß er seinen Töchtern zur Konfirmation Schmuck und – Holzpantoffel (für die Waschküche, in die sie stets mit hineinmußten) schenkte."[7] Die zeitgenössische Presse berichtete, er sei „ein Menschenfreund im edelsten Sinne des Worts und hat manchem Armen und Hülfsbedürftigen, der sich vertrauensvoll an ihn wandte oder von dessen Lage er auf sonstige Weise Kenntniß erhielt, Beistand und Unterstützung gewährt."[8] Christian W. J. Behr stiftete zwei Vermächtnisse: 10.000 Mark setzte er zur Unterstützung unbemittelter Schüler der Heiligengeistschule aus; von den Zinsen des Kapitals sollte für sie vor allem Winterkleidung gekauft werden. Weitere 5000 Mark bestimmte er zur Unterstützung hilfsbedürftiger Frauen.

Sein Sohn Heinrich Wilhelm Behr (1837–1917) vergrößerte das Familienunternehmen noch einmal. 1880 ließ er die alte, 1579 erbaute Abtsmühle abbrechen und an ihrer Stelle eine moderne Fabrik errichten. In die Fassade fügte

er einen Stein mit dem Wappen der Familie Behr ein: „in einem Mühlrad steht aufrecht ein Bär, darunter befindet sich die Devise

,ANIMO AC PERSEVERANTIA'

(Mit Mut und Beharrlichkeit!); darunter steht: ,Heinrich Wilhelm Behr, Besitzer dieser Mühle, hat dieselbe an Stelle des alten Werkes neu erbaut, Ao: Di: MDCCCLXXX'"[9]

Wiedereinfügen ließ Heinrich Wilhelm Behr auch eine alte Sandsteinplatte, „die unter dem voll ausgebildeten Abtswappen des Abtes Eberhard von Holle auf einer Tafel mit aufgerollten Rändern die Inschrift trägt: VON GOTTS GNADEN EBERHART VON HOLLE BISCHOF ZV LVBEKE ADMINISTRATOR DES STIFS VERDEN[10] ABT VND HER VOM HAVS ZV SANCT MICHAEL IN LVNEBURG · 1579."[11]

Diese Tafel erinnert an den Abt Eberhard von Holle (1555–1586), der „gleich hochgeschätzt vom Kaiser, von seinem Landesherrn, wie vom Rat der Stadt Lüneburg, 1561 den Bischofsstuhl

Blick von der Abtspferdetränke auf die alte Abtsmühle (vor 1880). Links mündet die Straße Am Stintmarkt ein. In der Bildmitte sieht man die sogenannte „Große Abtsmühle": das Wohnhaus des Müllers, an das die Mühle anschließt. An der Fassade erinnert eine Sandsteintafel an den Bauherrn des Gebäudes, Bischof Eberhard von Holle (1579). Zwischen der Großen und der Kleinen Abtsmühle befanden sich fünf Wasserräder. Ganz rechts steht der Abtswasserturm. Foto: Wilhelm Riege, Lüneburg. Museum für das Fürstentum Lüneburg

Die 1880 von Heinrich Wilhelm Behr neu gebaute Abtsmühle. Foto: Dr. E. Mertens & Cie. Berlin. Verlag von Herold & Wahlstab, Lüneburg, um 1885. Sammlung Boldt

von Lübeck und drei Jahre später auch den von Verden bestieg." Er zählte zu den größten Geistern seines Zeitalters, nahm auf Reichstagen an Regierungsgeschäften teil, führte in seinem Machtbereich die Reformation durch und lebte wie ein wahrer Kirchenfürst. Seine besondere Liebe galt dem Michaeliskloster: „Der geistliche Herr ließ die Lüneburger Klostermühlen in einem Neubau erstehen, errichtete einen großen Kornspeicher und wählte als letzten Ruheplatz die Michaeliskirche, wo die Beisetzung mit fürstlichem Gepränge stattgefunden hat."[12]

Drei Jahre nach dem Bau des neuen Gebäudes vermochte Heinrich Wilhelm Behr die beiden Mühlen, zu denen auch eine Ölmühle gehörte, nicht mehr zu halten, „da die Bäcker Mehlhandel trieben, massenhaft billigeres amerikanisches Mehl eingeführt und Öl aus großen Ölfabriken bezogen wurde."[13] Er verkaufte sie und erwarb 1883 auf Erbzins die Ratsmühle an der oberen Ilmenau, die 1917 sein Sohn Heinrich Karl Jean Wilhelm Behr (1869–1936) übernahm und bis zur Weltwirtschaftskrise 1928 als Getreidemühle weiterführte. Danach wurde die Ratsmühle end-

Abtswasserturm und Abtsmühle bei Nacht. Foto: Hotel Bergström

gültig stillgelegt, während die Lüner Mühle bis etwa 1965, die Abtsmühle sogar bis 1995 weiter produzierte. Heute gehören beide Mühlen als historische Gebäude mit besonderem Charme zum Komplex des Hotels Bergström.

Auf dem Grundstück der Abtsmühle steht auch die „Abtswasserkunst". Ihr malerischer „Märchenturm", der 1903/04 einen Durchgang erhielt, wirkt heute wie ein altes Stadttor und gilt als eines der Wahrzeichen Lüneburgs. Er stammt aus dem Jahre 1530 und ist vielleicht der älteste erhaltene Wasserturm Deutschlands.

Die Wasserversorgung Lüneburgs war früher schwierig. Denn die Stadt ist „auf einem gewaltigen Salzlager erbaut, welches, mit einer starken Gipsdecke überzogen, es unmöglich macht an Ort und Stelle Quellbrunnen zu erbohren. Die wenigen in der Stadt vorhandenen Quellbrunnen, welche sogenanntes hartes Wasser liefern, enthalten in Gipsspalten zusammengelaufenes Tageswasser und da dieses für manche Zwecke nicht verwendet werden kann – so zum Brauen und Gersteweichen für die Mälzerei – mußte man sich das Gebrauchswasser von außerhalb

Suite im „Gästehaus Abtsmühle" und Schwimmbad auf Höhe des Ilmenau-Wasserspiegels.
Fotos: Hotel Bergström

Abb. Seite 25:
„Abriß des Platzes bey der Lühner Mühle 1700. Lühner Mühle in Lüneburg."
Zeichnung von Ludwig Albrecht Gebhardi

heranführen, und so entstanden je nach der Entwickelung der Stadt Brunnengesellschaften".[14]

Eine allgemeine Wasserversorgung gab es in früheren Jahrhunderten nicht. Wer in der Nähe der Ilmenau wohnte, schöpfte sein Wasser direkt aus dem Fluss. Reines Quellwasser bezogen allein die vermögenden Interessenten[15] der Brunnengesellschaften und ihre Nutznießer. Um dauerhaft größere Volumen an weichem, kalkarmem Wasser zu erzeugen, schlossen 21 Bürger und drei Bürgerswitwen am 13. Januar 1530 einen Vertrag mit dem Michaeliskloster, worin dieses ihnen die Erbauung einer „Wasserkunst" auf dem Gelände der Abtsmühle gestattete. Bereits am 27. Oktober des folgenden Jahres 1531 war das Werk vollendet. An einer Seite des Turmes drehte sich ein mächtiges Wasserrad.

Zwischen 1568 und 1572 folgte bei der Ratsmühle der Bau der „Ratswasserkunst". „Beide Wasserkünste waren vermutlich von Anfang an Pumpsysteme. Die Räder selbst förderten also kein Wasser über Eimer in Hochbehälter, sondern dienten nur als Antriebswelle für die Kolbenbewegung in den Zylindern."[16] Überliefert ist allerdings nur die Konstruktionszeichnung einer ähnlichen Anlage in Braunschweig.

Das Wasser wurde in unmittelbarer Nähe der Turbinen aus der Ilmenau entnommen und auf die Türme befördert, von denen es über eine Druckleitung die Bürger mit Wasser versorgte. Der Gegenbehälter zur Aufnahme des überschüssigen Wassers befand sich am Kalkberg. Ein solches Werk zu schaffen, war die bewunderte „Kunst" von Ingenieuren. Der Abtswasserturm wurde 1632–1634 renoviert und erhielt 1837 eine neue Maschine.[17]

An der Front zur Stadt trägt er in einem Medaillon das Wappen der Brauer. Denn Hauptabnehmer der Abtswasserkunst waren die zahlreichen Lüneburger Brauereien, die zugleich Wirtshäuser unterhielten.

1733 zählte der Stadtsekretär Johann Heinrich Büttner 80 Brauhäuser in der Stadt! 24 der

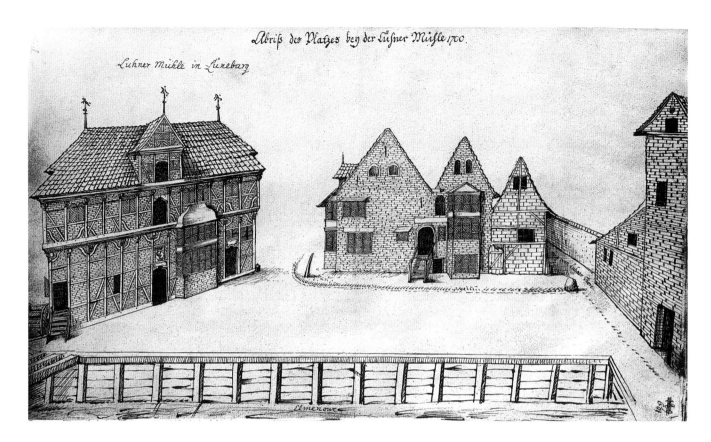

Bierschänken lagen im Wasserviertel, von denen 10 namentlich bekannt sind: „im dreckichten Saum item im hölten Küssen[18], im Bockstall[19], im Kringelkrog[20], im leddernen Koller[21], im stolten Buer item im deutschen Cavalier[22], im düstern Krog[23], im bundten Hahn[24], in twen dören[25], im Storchennest, im stijfen Hoht."[26] Das Publikum bestand wohl vorwiegend aus den vielen auswärtigen Schiffersknechten und Fuhrleuten, die in den Herbergen auf das Be- und Entladen ihrer Fahrzeuge warteten. Besonders stattlich ist das alte Brauhaus Lünertorstraße 4, traditionsreich auch die ehemalige „Lüneburger-Braunbier-Brauerei H. Luhmann", deren Ausschank, die „Alt-Lüneburger-Bierstube", in der Gaststätte „Pons" bis heute weiterbesteht.

Die Ilmenau liefert zwar weiches Wasser, doch kein gesundes Trinkwasser, wie ein Bericht aus dem Jahre 1877 feststellte. Denn es würde, „da die offenen Leitungen viel organische Stoffe erzeugen, [...] zeitweilig faulig schmecken und riechen". Überdies nehme der Fluss „auch die schmutzigen Abflüsse der Stadt"[27] auf.

Durch verunreinigtes Wasser verbreitete Seuchen traten bis zum Ende des 19. Jahrhunderts in allen Städten immer wieder auf. Mit dem

**Im Vordergrund das Ilmenauufer, an dem heute das Marina Café liegt, links die Lüner Mühle, in der Mitte drei Häuser, von denen das rechte noch vorhanden ist, rechts die innere Stadtmauer mit einem bewohnten Mauerturm, der um 1850 auch als Spritzenhaus genutzt wurde.
Museum für das Fürstentum Lüneburg**

Die Lüner Mühle aus dem Jahre 1576. Links sieht man die Remise, den Wagenschauer der Mühle, rechts einen Stapel von Fachwerkbalken. Foto: Wilhelm Riege, Lüneburg, um 1880. Museum für das Fürstentum Lüneburg

Aufkommen des Hygienebewusstseins, neigte sich die Zeit der Wasserkünste ihrem Ende zu. 1875 wurde für die Ratswasserkunst im Roten Feld erfolgreich ein erster Tiefbrunnen gebohrt. Auch die Abtswasserkunst modernisierte man laufend: durch Verlegung des Zuleitungsrohres an den Oberlauf der Ilmenau, neue Turbinen, Erweiterung des Rohrnetzes, Bau eines großen Reservoirs zur Wasserversorgung bei Tag- und Nacht und den Einbau von Filteranlagen, doch konnte sie den gehobenen Ansprüchen an die Trinkwasserqualität schließlich nicht mehr genügen.[28]

Am 29. Mai 1899 ging der Abtswasserturm in das Eigentum der Stadt über. Danach lieferte er kein Trinkwasser mehr, sondern lediglich

Blick von der Kaufhausbrücke auf die Lüner Mühle. Das Bergström bietet dort ausgezeichnete Weine, kleine Gaumenfreuden und einen besonderen Rahmen für festliche Veranstaltungen. Foto: Hotel Bergström

Brauchwasser. Seit 1918 diente er darüber hinaus der Erzeugung von Elektrizität. Im Mai 1962 wurde das Abtswasserwerk schließlich aus wirtschaftlichen Gründen stillgelegt.[29]

Heute ist auch der Abtswasserturm ein Teil des Bergström-Ensembles mit drei zauberhaften Suiten hoch über der alten Stadt Lüneburg.

Anmerkungen

1. Es klappert die Mühle am rauschenden Bach: Text: Ernst Anschütz (1797–1855), 1824; Melodie: Volksweise „Es ritten drei Reiter"
2. Vgl. Johannes Werner: „Du Müller, du Mahler, du Mörder, du Dieb!". Berufsbilder in der deutschen Literatur. München, Verlag C. H. Beck 1990, S. 51–65
3. Das Wandern ist des Müllers Lust: Text: Wilhelm Müller (1794–1827), 1818; Melodie: Carl Friedrich Zöllner, 1844. Franz Schubert (1797–1828) hat das Gedicht im Zyklus „Die schöne Müllerin" vertont, op. 25, D. 795 (1823)
4. Hildegard Behr: Chronik der Familie Behr aus Winsen a. d. Luhe-Bergedorf. Neustadt an der Aisch 1957. Sonderdruck aus „Deutsches Familienarchiv", Band VI. Verlag Degener & Co., Inhaber Gerhard Geßner, S. 49
5. Abt: Vorsteher des Klosters
6. Klosterkammer: Seit 1818 verwaltet die Klosterkammer Hannover ehemaliges Kirchen- und Klostervermögen.
7. Hildegard Behr: Chronik der Familie Behr, wie Anm. 4, S. 50
8. Lüneburgsche Anzeigen, No. 169, 21. Juli 1877
9. Hildegard Behr: Chronik der Familie Behr, wie Anm. 4, S. 52. Ao: Di: MDCCCLXXX: Anno Domini (lateinisch: im Jahre des Herrn) 1880
10. Stift Verden: Bistum Verden an der Aller
11. Die Kunstdenkmale der Stadt Lüneburg. Bearbeitet von Franz Krüger und Wilhelm Reinecke. Osnabrück, H. Th. Wenner 1980 (Reprint der Ausgabe von 1906), S. 313
12. Wilhelm Reinecke: Geschichte der Stadt Lüneburg. Zweiter Band. Lüneburg 1933 (Reprint: Lüneburg,

Lüner Mühle. Kolorierte Postkarte, auf der Rückseite datiert: 19. Juni 1927. Sammlung Boldt

Abb. S. 29: Für die Lithografie aus der Zeit um 1850 verwendete man offenbar eine Zeichnung von A. Leman aus dem Jahr 1829. Museum für das Fürstentum Lüneburg

Heinrich Heine Buchhandlung K. Neubauer 1977), S. 285f. Vgl. Die Kunstdenkmale der Stadt Lüneburg, wie Anm. 11, S. 38

13. Hildegard Behr: Chronik der Familie Behr, wie Anm. 4, S. 52
14. Carl A. Meyer: Die Wasserversorgung Lüneburgs seit alten Zeiten. Eine Denkschrift. Lüneburg, Druck der v. Stern'schen Buchdruckerei GmbH 1928, S. 3
15. Interessenten: haftende Gesellschafter
16. Fabian Haack: Ausstellung: Wasserversorgung in Lüneburg. Typoskript 1996. Stadtarchiv Lüneburg, Sign. Bea Lbg. 792, S. 1, vgl. S. 59
17. Vgl. Johann Gross: Geschichte der Lüneburger Wasserversorgung. Typoskript Lüneburg 1998. Stadtarchiv Lüneburg, Sign. K 45 / M, S. 6
18. im dreckichten Saum item im hölten Küssen: im dreckigen Saum oder im hölzernen Kissen
19. Bockstall: Ziegenstall, stinkendes Wirtshaus
20. Kringelkrog: Gasthaus mit einer Brezel als Aushängeschild
21. leddernes Koller: lederne Kapuze mit umhangartigem Kragen, wie sie Arbeiter und einfache Soldaten trugen
22. im stolten Buer item im deutschen Cavalier: im stolzen Bauern oder im deutschen Kavalier
23. düstern Krog: dunkle Wirtsstube
24. bundter Hahn: bunter Hahn, Wirtshausschild
25. in twen dören: zwischen zwei Torflügeln
26. Zitiert nach: Wilhelm Reinecke: Die Straßennamen Lüneburgs. 2. Auflage. Hildesheim und Leipzig 1942, August Lax, Verlagsbuchhandlung, S. 170. Im stijfen Hoht: im steifen Hut, Wirtshausschild
27. Heinrich Steinvorth: Die Stadt Lüneburg. Mitteilungen und Nachweise für Bewohner und Fremde. Lüneburg, Engel's Buchhandlung 1877, S. 43
28. Vgl. Marianne Pagel: Gesundheit und Hygiene: Zur Sozialgeschichte Lüneburgs im 19. Jahrhundert. Hannover, Hahnsche Buchhandlung 1992, S. 120–138
29. Vgl. Johann Gross: Geschichte der Lüneburger Wasserversorgung, wie Anm. 17, S. 20

Pons: die Brücke am Hafen

„Lüneburg.
Aus brauner Heide ragt empor
Ein Berg von weissem Gestein,
An seinem Fusse bricht hervor
Ein Soolquell kräftig und rein,
Und an der Kaufhausbrücke dort
Zeigt sich der Handelsschiffe Port."[1]

„Mons, Fons, Pons" (lateinisch: Berg, Quelle, Brücke) – so hießen die drei Wurzeln des Wohlstands der Stadt Lüneburg in früheren Zeiten:

Mons: der Kalkberg. Er wurde als Gipsbruch ausgebeutet, bis von ihm nur noch ein kleiner Rest übrig blieb, der heute unter Naturschutz steht.
Fons: die Salzquelle. Aus ihr sprudelte mehr als 1000 Jahre lang das „weiße Gold", das Lüneburg zu einer reichen Hansestadt werden ließ.
Pons: die Brücke am Hafen als Verkehrsknotenpunkt. Das mittelalterliche „Stapelrecht" bildete die Grundlage für einen einträglichen Speditionshandel in Lüneburg. Es besagte, dass in weitem Umkreis alle Fernverkehrswege durch Lüneburg zu führen hatten und Frachtfahrer die Stadt nicht umgehen durften. Für alle hier mit Schiffen ankommenden und abgehenden Waren hatten die Kaufleute „Stromgeld" und „Kaufhausgeld" zu entrichten. Dafür durften sie ihre Handelsgüter in den bewachten Räumen des „Kaufhauses" zur Weiterversendung drei Monate lang frei lagern. Drei Tage lang mussten sie allerdings den Lüneburgern auch zum Kauf angeboten werden. Die Stadt war dagegen verpflichtet, in dem Ilmenau-Strom durch Baggern eine Fahrrinne von 28 Zoll freizuhalten.

Wie es während des 18. und frühen 19. Jahrhunderts im Hafen zuging, schildert der Fabrikant Carl Ferdinand Heyn 1895 in seinen Lebenserinnerungen:

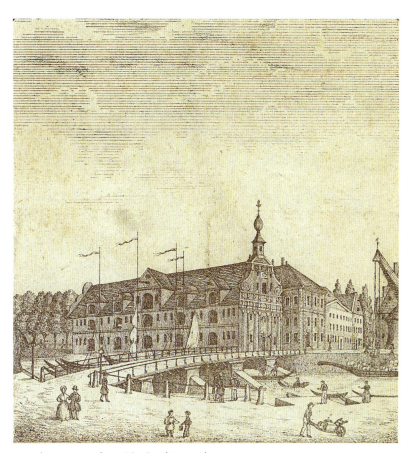

Reges Leben an der Brücke im Hafen. Im Mittelpunkt steht das Kaufhaus. Rechts sieht man den Alten Kran beim Entladen eines Bootes.

„Damals war die Elbe durch die vielen Zölle, welche alle anliegenden Staaten: Hannover, Mecklenburg, Preußen, Anhalt, Sachsen etc. von den Waren erhoben, für den Warentransport so gut wie geschlossen, und das Fahrwasser auch derart versandet, daß ein Verkehr dort kaum stattfinden konnte. Von Dampfschiffen, von Eisenbahnen, ja selbst von Chausseen war noch nichts bekannt, und der Güterverkehr von und nach Hamburg vollzog sich in der Weise, daß dieselben bis Lüneburg per Schiff und von hier per Frachtwagen ins Innere von Deutschland und bis Österreich verladen wurden und von dem Oberlande nach Hamburg, denselben Weg in umgekehrter Richtung nahmen. Das Kaufhaus in der Stadt genügte bald für den Massenverkehr nicht mehr, dem sich auch die Fabrikate und Producte der Stadt: in erster Linie Salz, dann Gyps, Maurerkalk, Kartoffeln, Holz, Borke etc. anreiheten, und so mußte vor dem Bardowikerthor ein zweites Kaufhaus gebauet werden.

Die Lüneburger Speditionshäuser vermittelten den Verkehr Hamburgs mit dem Inlande nach beiden Richtungen, und wenn die alte Hansastadt Lüneburg durch die Eindeichung der Elbe vor 400 oder 500 Jahren von dem Hauptstrom auch abgedrängt war, so hatte sie doch durch ihren Salzhandel eine gewisse Bedeutung behauptet, und mit der Bedeutung Hamburgs nahm auch ihre eigene Bedeutung wieder zu durch das Aufblühen des Speditionsgeschäfts.

Die Lüneburger Speditionshäuser übernahmen die Beförderung der Güter zwischen Hamburg und Braunschweig, Münden, Cassel, Frankfurt, München, Nürnberg, Augsburg, Leipzig, Dresden, Prag, Wien etc. und vice versa zu festen Sätzen mit allen Risiken gegen Feuer und Verlust, und wenn damit auch die Gefahr für Schaden verbunden war, so fiel doch auch ein ansehnlicher Gewinn dabei ab. Es findet sich in meinem Besitz eine im Jahre 1747 beginnende und bis zum Verfall dieses Geschäftszweiges 1851 fortgeführte Tabelle, worin die Schiffahrts- und Lagergelder (Kaufhausgeld) aufgeführt sind, welche die einzelnen Häuser jährlich für ihre Speditionsgüter entrichtet haben. Da sind in der besten Zeit 44 Firmen aufgeführt, unter denen bis in die letzte Zeit meine Stammfirma Joh. Lud. Schultz & Sohn einen der ersten Plätze behauptete! Das waren nach damaligen Begriffen Weltfirmen – überall hoch im Ansehn! –

Das Schiffsgewerbe blühete. Es gab Salzschiffer, Eichenschiffer,[2] Böterschiffer[3] (Kähne, Jager, Bullen etc. etc. wie die Fahrzeuge alle hießen), und wie vorn im Kaufhaus ordentlich eine Frachtenbörse gehalten wurde, so standen die gerade nicht auf der Fahrt befindlichen Schiffer am Westende der Kaufhausbrücke vor dem Hillmerschen Brauhause (jetzt Luhmann)[4] und das Fastnachtsgetriebe der Schiffer – von ihrer Herberge, jetzt Schlachter Stegen im Wendischen Dorfe – war durch bunte Maskenumzüge etc. ausgezeichnet. Hier mögen damals

ca. 60.000 Thaler Schiffsfrachten verdient sein. Welche bedeutenden Beträge den tausenden von Fuhrleuten ausgekehrt sind[5], entzieht sich meiner Berechnung.

Daß zur selben Zeit 50 Frachtwagen – alles Vierspänner – hier beladen standen, war nichts Ungewöhnliches. Viel böhmisches Fuhrwerk darunter, welches dann wohl auch Producte des Südens, wie Feigen in Schachteln etc. mitbrachte.

Zur Aufrechterhaltung der Ordnung in den Kaufhäusern und zur Schlichtung von Streitigkeiten zwischen Frachtnehmern und Spediteuren, auch zur Ertheilung juristischen Rathes war ein Mitglied des Magistrats, der Kaufhaus-

„Lüneburg, Viskuhlenhaus & Kaufhaus."
Foto: Eduard Lühr, Lüneburg 1897.
Sammlung Boldt

Senator während des größten Theils des Tages auf seinem Bureau im Kaufhaus anwesend. Kaufhausbuchhalter und Schreiber standen unter ihm.

Die Großträger[6] hielten die äußere Ordnung aufrecht und besorgten die Verwägung der Güter. Eigene Kaufhauswächter bewachten nachts alle Baulichkeiten. Die etwas höhere Charge bildeten die Packer und Verlader, an deren Spitze die Litzenbrüder standen, welche man vorn an der Kaufhausstraße die Namen der Städte ausrufen hörte (naar Wien, naar Prag etc.)[7], wohin ein oder mehrere Fuhrwerke Ladung suchten."[8]

Die Stadtkasse profitierte kräftig vom „Stapelrecht", d. h. an den Lagergeldern für die „gestapelten" Waren in den beiden Kaufhäusern. Die Spediteure verdienten am Frachtverkehr, die Wirte der Brauhäuser und Herbergen nicht weniger. Der Frachtverkehr sorgte für sichere Einkommen. Um 1820 gab es in Lüneburg 20 Herbergen, von denen jede über 100 Pferde stallen konnte.[9] Carl Ferdinand Heyn berichtet sogar: „Es sollen damals hier Stallungen für 3000 bis 4000 Pferde gewesen sein."[10] Man kann sich vorstellen, dass die Hauptstraßen mit Fuhrwerken verstopft waren, wenn sich bei starkem Güterverkehr mehr als 1000 Pferde in der Stadt befanden. Stellmacher, Sattler, Schmiede und Handwerker vieler anderer Gewerbe hatten ein gutes Auskommen. Die große Anzahl von Pferden und Fuhrleuten machte Ackerbau und Viehzucht erforderlich. Und morgens wie abends zogen zwei große Kuhherden durch die Straßen der Stadt.

Man lebte von dieser Art des „Fremdenverkehrs" in Lüneburg damals, wie mancher Ort heute vom Tourismus. Als deutliches Zeichen für das Aufblühen der Stadt stieg die Einwohnerzahl zwischen 1815 und 1824 von 10.000 auf 12.000.[11] Man lebte sogar so gut, dass man von „Modernisierung" nichts wissen wollte. Denn je schlechter die Verkehrswege durch die Heide waren, desto länger dauerte die Arbeit, desto mehr Pferde wurden benötigt, desto höher also war der Verdienst. Und bei Achsenbrüchen oder Abspringen der Radreifen gewannen Schmiede und Stellmacher.

Doch das Monopol bekam Löcher: „Anfang der 1840er Jahre hatte die gute, alte Zeit für Lüneburg bereits länger das gute verloren", erzählt Carl Ferdinand Heyn. „Mit der Aufhebung der Elbzölle, der Elbschiffahrts-Acte von 1821, welche alle Abgaben in einen Zoll – dem Wittenberger – vereinigte – bis 20 Jahre später auch dieser fiel – erblühte für die Elbeschiffahrt allmählig ein neues Leben, und als von Harburg eine Chaussee direct durch die Heide nach Celle gebauet wurde, war das Schicksal der Speditionsgeschäfte hier entschieden – es wurde damit weniger und weniger. Das drohende Gespenst der Eisenbahnen zog außerdem näher und näher. […]

Ein Eimerbagger hielt im Hafen stets eine Fahrrinne frei.
Foto: Raphael Peters, um 1870.
Museum für das Fürstentum Lüneburg

Eine Ironie des Schicksals war es, daß eine der letzten Speditionen, welche die Firma Joh. Lud. Schultz & Sohn zu besorgen hatte, die ersten beiden Lokomotiven der Braunschweig–Wienenburger Eisenbahn waren.[12] Ich erinnere mich – es wird 1840 gewesen sein – [...] Unser grosser Kran – das jetzt noch bestehende Wahrzeichen unserer blühenden Speditionszeit – wäre beinahe an seinen Todfeinden zu Grunde gegangen: Beim Herausnehmen der Lokomotiven aus den Kähnen bog sein Hals sich in bedenklicher Weise!

Länger als ein Jahrhundert hatte die Stadt von dem blühenden Speditionshandel gelebt, die Söhne waren in die Fußstapfen ihrer Eltern getreten, Spediteure, Herbergirer, Schiffer, Fuhrleute, sie kannten nichts anderes und der allmähliche Verfall führte zu einem langsamen Ruin. Andere Erwerbszweige konnten nicht aus dem Boden hervorgezaubert werden. Die Speditionsfirmen verschwanden nach und nach und von den 44 Geschäften existiert jetzt kein einziger Name mehr!"[13]

Lüneburg verarmte innerhalb kurzer Zeit. Mitte der 1840er–Jahre erreichte der wirtschaftliche Niedergang seinen tiefsten Punkt. Als am 1. Mai 1847 die Bahnlinie Hannover–Harburg eröffnet wurde, hatte die Stadt kaum noch etwas zu verlieren. Aus manchem Spediteur wurde ein Fabrikant, und mit der Industrialisierung kamen in den folgenden Jahrzehnten auch für die einfache Bevölkerung wieder neue Erwerbsmöglichkeiten.

Anmerkungen

1. Hector Wilhelm Heinrich Mithoff: Kunstdenkmale und Alterthümer im Hannoverschen. Band 4: Fürstenthum Lüneburg. Hannover, Husum: Husum Druck- und Verlagsgesellschaft 2010 (Reprint der Ausgabe von 1877), S. 132. Port: poetisch für „Hafen"
2. Eichenschiffer: der älteste städtische Schifferverband, der seinen Namen vom Schiffstyp Eichen („Eken") entlehnt. Vgl. Harald Witthöft: Lüneburger Schiffer-Ämter. In: Lüneburger Blätter. Heft 9. Lüneburg 1958, S. 73–100 Hier S. 75: „Sie sind die eigentlichen Salzschiffer Lüneburgs."
3. Böterschiffer: Schiffer, die der „Böterschiffervereinigung" angehörten, einem städtischen Schifferverband. Eduard Kück: Lüneburger Wörterbuch. Wortschatz der Lüneburger Heide und ihrer Randgebiete […], Erster Band A–H, Neumünster, Karl Wachholtz Verlag 1942, Spalte 202: „Die lüneburgischen Böter beförderten [um 1830–40] die im Kaufhause aufgestapelten, zum größten Teil aus weiter Ferne gebrachten Güter (Wolle, Stückgüter, aus dem Braunschweigischen stammende große Mengen Weizen) die Ilmenau und Elbe hinab nach Hamburg oder Altona. Die Böter mußten wenigstens zwei Groß- oder Vollschiffe mit Tragfähigkeit bis zu 14 Last unterhalten." Vollschiff nennt man ein Segelschiff mit mindestens drei Masten, das an allen Masten viereckige „Rahsegel" trägt. Die bei Schiffen gebräuchliche Gewichtseinheit Last beträgt ca. 2 Tonnen.
4. Stammhaus des Soziologen Niklas Luhmann (8.12.1927–6.11.1998). Heute: Gaststätte Pons.
5. „auskehren" in der Bedeutung von „bezahlen": Die leeren Taschen werden nach außen gekehrt.
6. Großträger: Oberste der Lastenträger im Kaufhaus, leitende Beamte, Registerführer und Aufseher
7. plattdeutsch: nach Wien, nach Prag etc.
8. Carl Emmo Vissering: Aus einem Lüneburger Bürgerhause des 19. Jahrhunderts. Erinnerungen von C. Ferdinand Heyn. In: Lüneburger Blätter, Heft 7/8, 1957, S. 117–138. Hier S. 117f.
9. Vgl. Hillefeld, C.: Aus den Jahresberichten, betreffend das Physicat der Stadt Lüneburg. In: Jahreshefte des naturwissenschaftlichen Vereins für das Fürstenthum Lüneburg VI, 1872 und 1873, S. 31–128. Hier S. 126
10. Aus einem Lüneburger Bürgerhause des 19. Jahrhunderts. Erinnerungen von C. Ferdinand Heyn, wie Anm. 8, S. 121
11. Vgl. Hillefeld: Aus den Jahresberichten, betreffend das Physicat der Stadt Lüneburg, wie Anm. 9, S. 36
12. Wienenburg: Vienenburg im Harz
13. Aus einem Lüneburger Bürgerhause des 19. Jahrhunderts. Erinnerungen von C. Ferdinand Heyn, wie Anm. 8, S. 127

Das Kaufhaus und der Alte Kran

„22. Dezember 1959: Ein frostkühler Abend senkt sich auf das vorweihnachtliche Lüneburg. Auch im Wasser des Ilmenauhafens mit dem Alten Kran, den fast holländisch wirkenden Giebeln des Stintmarktes, mit der Brücke und dem Viskulenhof und der langen Wasserfront des historischen Alten Kaufhauses spiegelt sich adventlicher Lichterglanz."[1] So beginnt eine Kriminalreportage über den letzten Abend des Alten Kaufhauses in Lüneburg. Am Tag darauf berichtet das „Hamburger Abendblatt": „Kurz nach 22 Uhr heulten in Lüneburg die Feuersirenen. Großfeuer im ‚Alten Kaufhaus', dessen Giebel im Stil des Barock zusammen mit dem gegenüber gelegenen ‚Alten Kran' auf Millionen Postkarten von der Schönheit und der Baukultur der alten Salz- und Handelsstadt an der Ilmenau kündeten. Aus noch nicht geklärter Ursache war in einem dort untergebrachten Holzlager ein Feuer ausgebrochen, das in dem uralten, knochentrockenen Gebälk reichliche Nahrung fand. Mit modernsten Löschgeräten rückten sämtliche Züge der Lüneburger Feuerwehr an. Aus den Kasernen fuhren Alarmeinheiten der Bundeswehr auf Lkw zur Hilfeleistung aus. Aber aus dem feurigen Inferno gab es nichts mehr zu retten."[2]

Als das Dach einstürzte, loderte das Feuer wie aus einem Vulkan in den Nachthimmel. Am nächsten Tag, dem Tag vor Heiligabend, hing ein dichter Rauch- und Qualmschleier über der glühenden Ruine.

In dieser Nacht verbrannten im Alten Kaufhaus unersetzliche museale Schätze. Ausgelagerte Bestände des Naturwissenschaftlichen Vereins und des Museums für das Fürstentum Lüneburg wurden ebenso ein Raub der Flammen wie große Teile der Sammlung des „Ostpreußischen Jagdmuseums", das 1958 in dem Gebäude Aufnahme gefunden hatte. Obwohl der Goldschmiedemeister Professor Herbert Zeitner bei Ausbruch des Brandes in seinem Atelier im Kaufhaus arbeitete, bemühte er sich vergeb-

Das Kaufhaus vor dem Brand. Foto: Hans Morgner. Sammlung Hans-Joachim Boldt

In der Nacht vom 22. auf den 23. Dezember 1959 brannte das Kaufhaus bis auf die Außenmauern nieder. Sammlung Hans-Joachim Boldt

Die Feuerwehr rückt zum Einsatz aus. Bis 2008 war sie im Kaufhaus stationiert.

lich, die wertvollen Schätze seiner Werkstatt zu retten. Auch aus dem Atelier des verstorbenen Kunstmalers Professor Arthur Illies, in dem rund 2.000 Gemälde und Grafiken lagerten, ließ sich so gut wie nichts mehr bergen.

Brandstiftung war die Ursache der Katastrophe. Ein Serieneinbrecher, der über eine magere Beute von nur 250 Deutschen Mark aus der Kasse des Holzlagers verärgert war, hatte das Feuer gelegt. In den folgenden Wochen machte er sich in Lüneburg einen Namen als „Feuerteufel". Seinen Brandstiftungen fielen noch der Viskulenhof und die alte Ratsbücherei zum Opfer. Nach der Katastrophe wurden die verbliebenen Reste des Alten Kaufhauses bis auf die Fassade abgerissen. An ihrer Stelle errichtete man ein Feuerwehrhaus im Stil der 1960er-Jahre.

Das Kaufhaus ist das einzige große Bauwerk Lüneburgs, das im 18. Jahrhundert entstanden ist. Errichtet wurde es in den Jahren 1741 bis 1745 nach Plänen des Stadtbaumeisters Johann Philipp Hässeler. Schon um 1300 hatte an seiner Stelle ein Kaufhaus gestanden, das bezeichnenderweise „Heringshaus" hieß, „weil der Hering neben dem Salz in alten Zeiten die wichtigste Handelsware war."[3] Bis zur Fertigstellung des Neubaus sollte ein 1740 vor dem Bardowicker Tore gebautes „Interimskaufhaus" die Güter aufnehmen. Als „Außenkaufhaus" Auf der Hude existierte es bis zum Bau der Lüneburger Bezirksregierung im Jahre 1972.

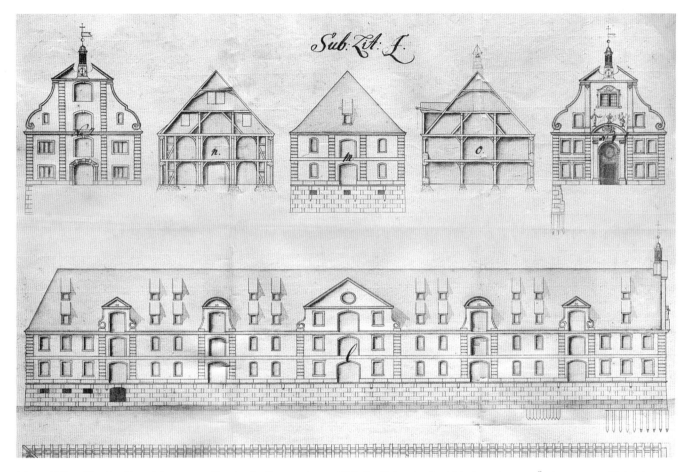

Johann Philipp Hässeler: Planzeichnung zum Bau des Kaufhauses, Januar 1739. Der Entwurf entspricht, abgesehen von Änderungen am Giebel, im Wesentlichen der Ausführung. Das Kaufhaus war das einzige große Bauwerk Lüneburgs, das im 18. Jahrhundert entstanden ist. Museum für das Fürstentum Lüneburg

Die Fassade des Kaufhauses ist viel bewundert worden. „Eigenartig ist die schöne Dachlösung des Türmchens, die ein selbständiges Werk Hässelers zu sein scheint", schreibt der Architekt Franz Krüger 1915. Auch die Längsseiten fanden das höchste Lob des Kenners: „Wie diese 88 m langen Seitenflächen ohne jede Vorlage gegliedert sind, daß eine harmonische, nirgends langweilige Wirkung erzielt wird, ist geradezu meisterhaft zu nennen. [...] Auch alle Teile im Inneren sind – trotz ihrer großen Einfachheit – mit besonderer Liebe durchgebildet."[4]

Der Hafen auf einer Stadtansicht von Daniel Freese aus dem Jahre 1611. Rechts ist der Abtswasserturm zu erkennen, links neben ihm der Alte Kran und das Kaufhaus, wie es vor dem barocken Neubau ausgesehen hat. Auf der anderen Seite des Hafens steht halb verdeckt von der Johanniskirche der Viskulenturm. Ein kleinerer Mauerturm und der mächtige Salzmesserzwinger, oben rechts mit dem halbrunden Helm, schützen die Hafeneinfahrt. Museum für das Fürstentum Lüneburg

Zur schnellen Ausbreitung des Feuers trug wesentlich die bauliche Eigenart des Kaufhauses bei. Im Erdgeschoss und in der ersten Etage bestand der Innenraum aus einer einzigen dreischiffigen, durch Holzstützen getrennten Halle. Das Dachgeschoss war lediglich in zwei Lagerböden halbiert. Zimmer gab es nur an der Giebelfront zur Lünertorstraße. Durch das Portal trat man zunächst in einen großen Vorraum, an dem links und rechts je ein Zimmer lagen. Ins Obergeschoss führte eine stattliche steinerne Treppe. Dort befand sich ursprünglich nur ein Raum, der später durch Fachwerkwände in drei Zimmer gegliedert wurde. Abgesehen von wenigen Werkstätten enthielt das Kaufhaus also nur große Lagerräume, die durch Brandmauern nicht unterteilt waren. Auch feuerfeste Treppen fehlten in dem lang gestreckten Gebäude.

Nach seiner Fertigstellung bildete das Kaufhaus den Mittelpunkt des blühenden Lüneburger Speditionshandels. So großzügig es angelegt war, platzte es doch nach fünfzig Jahren schon aus allen Nähten. Auch das Außenkaufhaus konnte die hereinkommenden Güter nicht mehr fassen. Am 27. März 1797 forderten daher Gabriel Ludolph Meyer, „Vorsteher der Löblichen Speditions Compagnie", und Johann Friedrich Crato, Großhändler, Gründer einer Spielkartenfabrik und „Vorsteher der Speditions Societét", den Bau eines neuen, noch größeren Kaufhauses vor dem Bardowicker Tore:

„Wie sehr es uns aber an Raum für die vielen Waaren gebricht, kann nur derjenige hinreichend beurtheilen, welcher alle die von unten bis oben angefüllten Gebäude sieht [...]. Die Hauptnachtheile, die aus dem großen Mangel an Raum für das hiesige Commerz[5] und für uns entstehen, sind folgende.

1) Da die Waaren so sehr auf einander gehäuft liegen, so müßen die Schiffer und Fuhrleute oft 8 Tage warten, ehe die Waaren aufgefunden werden und sie ihre Ladung erhalten können. Ebenso müßen Schiffer und Fuhrleute wegen Mangel an Platz gewöhnlich mehrere Tage warten, ehe sie aus und abladen können.
Hieraus entstehen die Nachtheile
a) daß das Fuhrwerk sich von hier wegwendet, indem die Fuhrleute versichern, daß sie in Magdeburg[6] an einem Tage ab und aufladen und also mehr verdienen können.
b) Klagen die Kaufleute über die Langsamkeit

"Wallbrücke und Hafenbaum", Lithografie nach einer Zeichnung von A. Leman 1829. Museum für das Fürstentum Lüneburg

Emsiges Treiben im Hafen. Im Vordergrund wird ein voll beladenes Boot von einem Schifferknecht durch Staken mit einer Stange stromaufwärts bewegt. Rechts ist der 1847 abgebrochene Viskulenturm zu sehen, nur leicht verdeckt vom Impost-Gebäude (Zollamt) mit der auffälligen Tordurchfahrt im Vordergrund, das durch ihn bei Hochwasser vor Eisgang geschützt war.

der Absendung der Güter, wodurch sie bewogen werden sich nach Magdeburg zu wenden, indem nur durch die Geschwindigkeit des Transports unser Handel einen Vorzug behalten kann.

c) Es wird auch durch das lange Stilleliegen der Fuhrleute wegen der Zehrungs Kosten[7], der Lohn erhöhet, worüber die Kaufleute sich öfter beschweren.

2) Es trifft sich öfter, daß da Tonnen und Ballen zur Ersparung des Raums verkehrt, so daß die Signatur nicht zu sehen ist, hingeleget werden müßen, Güter nicht aufgefunden werden können und so eine Ladung vorübergehen muß, worüber wir uns dann, als wen[n] an uns die Schuld der Verspätung läge, Vorwürfe machen lassen müßen.

3) Bey dem Aufsuchen der Güter, wobey dieselben eines über das andere hingeworfen werden und da häufig die untenliegenden Güter zu erst versandt werden, geschieht es sehr oft, daß Ballen z. B. Pfeffer, zerrißen und Waaren verschüttet oder Kisten und Tonnen zerbrochen werden, so daß dann ein Defect an den Waaren entstehet, deßen Ersatz man von uns fordert.

4) Es müßen öfter die obenliegenden Güter, um ein Stück von unten heraufzubringen, ganz aus dem Hause unter freien Himmel gebracht werden, wo sie eine Nacht liegen bleiben müßen. Trifft dieses nun gerade Zuckerfäßer[8], Kandies Laden[9], Ballen mit Kattun[10] und überhaupt Waaren, die keine Nässe ertragen, so muß daraus unfehlbar ein großer Schaden entstehen. Einige von uns sind auch gegenwartig würklich noch in der sehr unangenehmen Lage, daß von ihnen für solche durchnäßte und schadhaft gewordene Waaren, von welchen wir bestimmt wißen, daß sie auf die angegebene Weise beschädiget worden sind, Schadens Ersatz verlanget wird."[11] Doch dem Anliegen der Spediteure blieb der Erfolg versagt. Der Lüneburger Magistrat ließ kein neues Lagerhaus mehr errichten.

Zum Kaufhaus gehörte der Alte Kran. Er war für schwere Lasten zuständig, denn nach einer Verordnung von 1721 durften Kisten, Fässer und Packen von mehr als 1920 Lüneburger

„Lüneburg, Hafen mit Kaufhaus und Schlachthofstraße." Blick von der Bastion am Schifferwall auf die Reichenbachstraße, die um 1900 „Schlachthofstraße" hieß, und in den Hafen. Der eindrucksvolle Lastkahn im Vordergrund vermittelt einen Eindruck von der Dimension, in der die Ilmenau früher schiffbar war. Foto: Eduard Lühr, Lüneburg, 1898. Sammlung Boldt

Ratspfund (etwa 933 kg) nicht mehr von den Seilwinden des Kaufhauses gehoben werden.[12]

Die Bezeichnung „Kran" geht auf das mittelhochdeutsche Wort „krane" für den Kranich zurück, denn man fand, dass die Hebemaschinen dem Hals und Schnabel des Vogels ähnlich sähen. Schon in der Antike kannte man Tretkräne, in denen Arbeiter sich in einem Tretrad bewegten. Doch ihre Blüte erlebten sie auf den Dombaustellen und in den Häfen des hohen Mittelalters:

„Einer der bekanntesten Baukrane des Mittelalters war sicher jener in den ersten Jahren des 15. Jahrhunderts auf dem halbfertigen Südturm des Kölner Domes errichtete riesige Tretkran, der sich auf vielen Kölner Stadtansichten findet. In der zweiten Hälfte des 13. Jahrhunderts wurden die Krane mit Trettrrädern ausgestattet. Mit dem verstärkten Handelsverkehr, der Konstruktion von größeren Schiffen und einer neuen Infrastruktur der Häfen mit Kaianlagen musste zunehmend auch Schwergut ver- und entladen werden. Die verbesserte Hafentechnik ist zunächst in den niederländisch-flandrischen und norddeutschen Häfen nachgewiesen."[13]

Einer der ersten Hafentretkrane stand in der flandrischen Hansestadt Brügge. Das mächtige Bauwerk von 1287/88 ist auf einem Altarbild zu sehen, das Hans Memling 1419 für das Johannis-Hospital in Brügge malte. Die größte Last, die der Baukran des Kölner Domes zu heben hatte, hieß „Pretiosa". Sie war die mächtigste Glocke, die das Abendland bis dahin gesehen hatte, und wog 10 Tonnen, unter denen der Mast des Kranes an einer astigen Stelle im Holz einknickte. Eine ähnliche Last hatte gegen Ende seines Arbeitslebens auch der Alte Kran in Lüneburg zu bewältigen.

Ein Kran wird erstmals 1330 in Lüneburg erwähnt. 1346 wird er beim „Tor an der neuen Brücke" lokalisiert. In jedem Jahrhundert musste der Kran einmal renoviert werden, bis Eisgang und ein gewaltiges Hochwasser am 11. Februar 1795 zwei Pfeiler der Kaufhausbrücke wegrissen und den Kran so schwer beschädigten, dass ein Neubau notwendig wurde. Obwohl er also erst 1797 eingeweiht wurde, kann man ihn doch „ein Meisterwerk mittelalterlicher Ingenieurkunst"[14] nennen, denn technisch blieb auch der „neue" Alte Kran dem Mittelalter verhaftet. Heute ist er der letzte von vielen Hafentretkränen in Norddeutschland, dessen hölzernes Maschinenwerk noch erhalten und zu besichtigen ist.

Dem Kaufhaus gegenüber „reckt der alte, riesige Kran seine grünspanbedeckte Faust in die Luft, alte Giebel nicken ihm freundlich-ernst zu."[15] So beschreibt Hermann Löns 1897 das Wahrzeichen Lüneburgs. Doch wie stark die Riesenfaust wirklich war, setzt heute noch manchen in ungläubiges Erstaunen. Seine größte Tat vollbrachte der Alte Kran im Jahre 1840, als er eine Lokomotive an Land hob und auf ein Fuhrwerk setzte. Als sachkundiger und interessierter Augenzeuge schildert der Spedi-

Das Außenkaufhaus Auf der Hude von 1740 mit Nebengebäuden. Außer Kalk wurde hier vor allem Holz gelagert, das auf den Weitertransport wartete. Foto: Unbekannt, um 1870. Museum für das Fürstentum Lüneburg

„Hude" nannte man einen „behüteten", also bewachten Ort. Der Aufseher über die sicher „verwahrten" und „geborgenen" Güter bewohnte die „Warburg", das Wächterhaus am Ausgang des Hafens, das in der Bildmitte zu sehen ist. Im Hintergrund erscheint die Kavalleriekaserne, heute „Lüne-Park".

teur C. Langermann in allen Einzelheiten die Umstände, unter denen damals der stählerne Feind der Schiffer und Fuhrleute im Hafen Einzug hielt:

„Den 13. August traf hier am Kaufhause eine Locomotive ein, die ca. 18.500 Pfund taxirt wurde aber schwerer war (gewogen wurde sie nicht), doch ohne Räder etc., die lose dabey waren. Der Krahn trug diese Last; zwar ward der Sicherheit wegen ein Versuch gemacht mit 80 Eisenschienen, die ca. 20.000 Pfund wogen, welche der Krahn ca. 3 Fuß hoch hob. – Dies ist wohl die größte Last, die unser Krahn gehoben hat. – Erst nach vielen Vorkehrungen und im Beyseyn einer großen Menge Zuschauer, zu deren Zurückhaltung ein Polizeyoffiziant requirirt[16] war, gelang es am 15. August nachmittags, die Locomotive aus dem Schiffe ans Land zu bringen, nach dem bey einem am Morgen gemachten Versuch, eins der beyden neuen Windentaue[17] gerissen war, wobey das Schiff einen – nicht sehr bedeutenden – Ruck erhielt. – Man hatte das Gewicht der Locomotive zu 18.500 Pfund zwar ausgerechnet, Sachkenner, unter anderen die Großträger[18] (auch der Fuhrmann Jansen, der sie ladete und 7 Pferde vorgespannt hatte) behaupteten aber, sie müsse über 60 Schiffpfund halten, da man beym Aufladen 38 Menschen im Krahn bedurft habe, während man bey einer im Jahr 1838 über hier gegangenen Locomotive von 14.000 Pfund nur 26 Menschen gebrauchte. – Man tadelte es sehr, daß man es gewagt, den Krahn so anzustrengen."[19]

Die Umrechnung alter Gewichtseinheiten ist eine Wissenschaft für sich. Ein Schiffpfund brutto wurde zu 320 Pfund gerechnet. Ein Lüneburger Ratspfund entsprach 486 g.[20] Demnach wog die Lokomotive etwa 9.330 kg. Die 80 Eisenschienen der Probe entsprachen sogar 9.720 Kilogramm!

Die Bergetechnik wird zwar nicht im Einzelnen beschrieben, doch darf man sie sich als ein Muster vorindustrieller Arbeitsweisen vorstellen. Da es unmöglich war, die Lokomotive zu

Der Alte Kran und das Kaufhaus. Aufnahme der Preußischen Meßbildanstalt 1915.
Museum für das Fürstentum Lüneburg

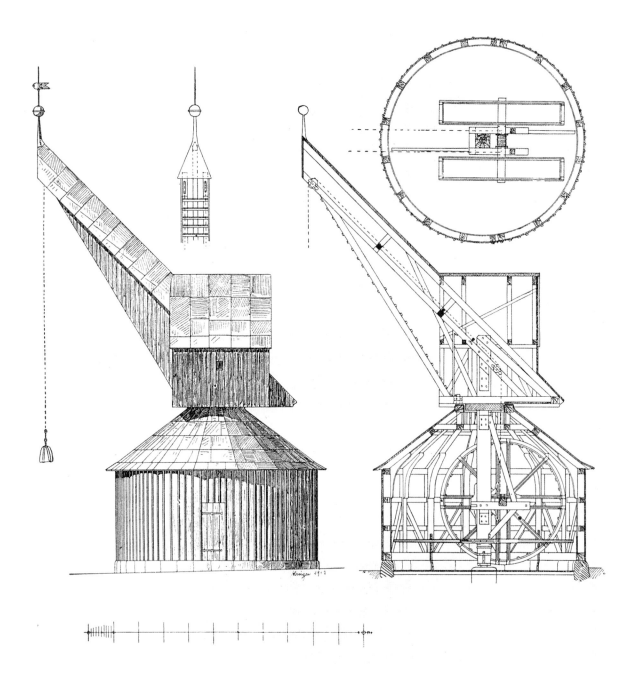

Durch zwei Treträder wurde der Alte Kran in Bewegung versetzt. Zeichnung von Franz Krüger. Die Kunstdenkmale der Stadt Lüneburg, wie Anm. 14, S. 302

Dieses Bild vermittelt eine Vorstellung davon, wie die Lokomotive, die der Alte Kran 1840 gehoben hat, mit einem Fuhrwerk von Lüneburg nach Braunschweig weitertransportiert wurde. Zehn Pferde ziehen einen Dampfkessel der 1855 gegründeten Eisengießerei, Maschinenfabrik und Kesselschmiede Albert Knoevenagel, Hannover. Zwei separate Gespanne transportieren die Ventile. Die Fuhrwerke stehen vor der Schmiede von Wilhelm Blecken in der Bardowicker Straße. Foto: Wilhelm Riege, etwa 1904. Museum für das Fürstentum Lüneburg

wiegen, berechnete man das Gewicht. Das lässt sich anhand der Wasserverdrängung des Schiffes einigermaßen zuverlässig vornehmen. Menschenkraft und „Pferdestärken" standen beinahe unbegrenzt zur Verfügung. Man konnte sich die Arbeit mithilfe von Flaschenzügen erleichtern. Und auch die zu hebende Last ließ sich erheblich reduzieren, indem man den Dampfkessel mithilfe des Alten Krans jeweils nur an einer Seite um wenige Zentimeter anhob, während der übrige Körper auflag, und den angelüfteten Punkt sofort mit Holzkeilen unterfütterte. Dann verfuhr man an anderer Stelle ebenso und „schaukelte" auf diese

Flussaufwärts wurden die Ilmenau-Ewer (Lastschiffe) von Menschen gezogen. Der Treidelpfad, der an der Warburg beginnt, ist heute ein beliebter Spazierweg zwischen Lüneburg und Bardowick. Ausschnitt aus einem Kupferstich von Daniel Freese, 1588. Privatbesitz

Weise den Lokomotivkörper langsam hoch. Ein Wegrutschen oder Abstürzen des Kessels ließ sich durch den Bau eines Fachwerkrahmens um das Schiff verhindern. Das alles kostete viel Zeit, gab aber auch vielen Menschen Nahrung.

Mit der Aufnahme des Eisenbahnverkehrs zwischen Hannover und Harburg verlor der Lüneburger Hafen 1847 seine Bedeutung – und mit ihm das Kaufhaus und der Alte Kran. Um 1860 wurde der hölzerne Riese in Ruhestand versetzt.

Seine urtümliche Maschinerie bei einer Stadtführung zu besichtigen, ist für viele Besucher ein ganz besonderes Erlebnis. Aus Anlass seines 200. Geburtstags veranstalteten der Verkehrsverein der Stadt Lüneburg und der „Arbeitskreis Lüneburger Altstadt" im Herbst 1997 ein fröhliches „Kranfest". Doch der ehrwürdige Greis war zu diesem Zeitpunkt schon sehr krank. Der Erlös kam daher einer gründlichen Restaurierung des Alten Krans zugute, die fünf Jahre währte und insgesamt etwa 95000 Euro kostete. Mehr als Dreiviertel davon brachten die im „Arbeitskreis Lüneburger Altstadt" vereinten Bürger auf, denn ein Lüneburg ohne den „Alten Kran" ist für niemanden vorstellbar. Am 20. September 2003 feierten sie den Abschluss der Sanierungsarbeiten. Auch heute noch bildet der seltsame Riese mit der langen, grünen Nase den unbestrittenen Mittelpunkt des Lüneburger Wasserviertels.

Anmerkungen

1. Claus Heinrich: Die Nächte unter rotem Himmel (2): Landeszeitung für die Lüneburger Heide, 27. Dezember 1984
2. Lüneburgs „Altes Kaufhaus" ein Raub der Flammen. In: Hamburger Abendblatt, 23. Dezember 1959
3. Franz Krüger: das Kaufhaus in Lüneburg. In: Die Denkmalpflege. 17. Jahrgang. Nr. 15: Berlin, 1. Dezember 1915, S. 116–120; Nr. 16: Berlin, 22. Dezember 1915, S. 123–125. Hier S. 116.
4. Franz Krüger: Das Kaufhaus in Lüneburg, wie Anm. 3, S. 124f.
5. Commerz: Handel
6. Magdeburg: Die Stadt war wie Lüneburg ein Knotenpunkt des Fernverkehrs. Insbesondere die „Hamburg-Magdeburger Elbschiffahrt" machte dem

Lüneburger Speditionshandel um 1800 starke Konkurrenz. Vgl. Harald Witthöft: Das Kaufhaus in Lüneburg als Zentrum von Handel und Faktorei, Landfracht, Schiffahrt und Warenumschlag bis zum Jahre 1637. Lüneburg 1962, S. 186

7. Zehrungs Kosten: Verpflegungskosten
8. Zuckerfaßer: Zuckerfässer, in denen der Rohrzucker aus Südamerika verschifft wurde
9. Kandies Laden: Kisten mit Kandiszucker
10. Ballen mit Kattun: Ballen mit Baumwollgewebe
11. Stadtarchiv Lüneburg (StALg), Sign. NBü 84
12. Vgl. Edgar Ring: Der „Alte Kran". In: Aufrisse. Jahresheft des Arbeitskreises Lüneburger Altstadt e. V., Nr. 14, 1998, S. 5–10. Hier S. 7
13. Vgl. Edgar Ring: Der „Alte Kran", wie Anm. 12, S.6. Ferner: Michael Matheus: Hafenkrane. Zur Geschichte einer mittelalterlichen Maschine am Rhein und seinen Nebenflüssen von Straßburg bis Düsseldorf. Trier 1985. Und: Hans-Liudger Dienel und Wolfgang Meighörner: Der Tretkran. Deutsches Museum München, 2. Auflage 1997
14. Die Kunstdenkmale der Stadt Lüneburg. Bearbeitet von Franz Krüger und Wilhelm Reinecke. Osnabrück, H. Th. Wenner 1980 (= Reprint der Ausgabe von 1906), S. 303
15. Hermann Löns: Lüneburg. Eine Herbstfahrt. Herausgegeben von Werner H. Preuß mit Fotos von Irmtraut Prien. Husum 2004, S. 13f.
16. ein Polizeyoffiziant requirirt: ein Amtsträger niederen Ranges herbeigeholt
17. Windentaue: Seile für einen Flaschenzug
18. Großträger: Oberste der Lastenträger im Kaufhaus, leitende Beamte, Registerführer und Aufseher
19. Ratsbücherei Lüneburg, MS Luneburg 2° A 24: „Lüneburger Chronik von Langermann, 1803–1858", fol. 41
20. Vgl. Witthöft, Harald: Pfündung und Waage am Lüneburger Kaufhaus. In: Lüneburger Blätter, Heft 19/20, 1968/69. Hier S.117

Festliche Stimmung am Hafen. Am Abend des 27. November 2009 lief zum ersten Mal nach langer Zeit in Lüneburg wieder ein Ewer vom Stapel. Foto: Werner Preuß

Residenz am Wasser

Bei Vollmond in mystisches Licht getaucht – so stellte sich der Architekt Johann von Mansberg im Oktober 2009 das zukünftige neue Hotel im Alten Kaufhaus vor. Als Grundlage der Visualisierung diente ihm das nebenstehende Foto aus dem Jahr 1915.

Ein neues Hotel im „Alten Kaufhaus"

Im Wasserviertel stehen 174 Häuser unter Denkmalschutz. Das historische Stadtbild trägt viel dazu bei, dass Einheimische und Besucher sich in Lüneburg wohlfühlen. Man muss sorgfältig damit umgehen und Störungen zu vermeiden suchen. Hamburgs großer Baumeister Fritz Schumacher (1869–1947), der seine letzten Lebensjahre in unserer Stadt verbrachte, wünschte sich stets Architekten und Bauherrn, die sich ihrer Mitverantwortung für den Gesamteindruck einer Straße oder eines Platzes bewusst sind. Er sagte: „Nur wer sich in den rhythmischen Fluß eines großen Reigens einfügt, fördert die Harmonie des Ganzen und wird zum Dank dafür selber von Harmonie durchströmt."[1]

Wie elegant und unaufdringlich es gelingen kann, einen Neubau in die gewachsene Stadt einzupassen, lässt sich an dem Wohnhaus bewundern, das der Architekt Franz Krüger 1911 für den Lüneburger Senator Luhmann entworfen hat und das sich in der Salzstraße am Wasser an das Gasthaus „Pons" anschließt. Auf der gegenüberliegenden Seite der Ilmenau bildete dazu der moderne Zweckbau des Feuerwehrhauses, den man nach dem Brand des „Alten Kaufhauses" 1959 dort errichtet hatte, jahrzehntelang einen unschönen Kontrast. Auf einen möglichen Wiederaufbau hatte man damals verzichtet.

Als das Gebäude nach dem Umzug der Feuerwache in den Lüne-Park 2008 für eine neue Nutzung zur Verfügung stand, ergriffen Investor Henning J. Claassen und Architekt Johann von Mansberg die Gelegenheit, auch die Außenansicht neu zu gestalten. Sie beschlossen, das historische Gebäude nicht zu rekonstruieren, den Neubau aber in das umgebende Hafenensemble wieder besser einzufügen. Das Hotel „Altes Kaufhaus" sollte nicht einen Altbau vortäuschen. Bauherr und Architekt verzichteten deshalb unter anderem darauf, die großen Fenster

Das Alte Kaufhaus am Hafen. Aufnahme der Preußischen Meßbildanstalt 1915. Museum für das Fürstentum Lüneburg

Blick von der Reichenbachbrücke auf den rückwärtigen Giebel mit Restaurant, Café und Galerie des Hotels „Altes Kaufhaus". Visualisierung, Februar 2009

mit falschen Sprossen zu versehen. Stattdessen sollte die Anmutung eines Speichergebäudes mit vielen historischen Reminiszenzen entstehen.

Bei der festlichen Eröffnung des Hotels am 5. Februar 2010 präsentierte sich das Alte Kaufhaus von Grund auf verwandelt. Mit Ausnahme der sorgfältig restaurierten Barockfassade blieb außen buchstäblich kein Stein auf dem anderen. Alle Wände wurden bis auf das Betonskelett abgetragen. Denn zum Einbau der Wärmedämmung, auf die man in den 1960er-Jahren noch vollkommen verzichtet hatte, musste man die Verklinkerung rundherum abnehmen, alle Fenster austauschen und das Dach neu eindecken. Die Stadt Lüneburg ließ darüber hinaus in der Kaufhausstraße Betonsteine neu verlegen, die natürlichem Kopfsteinpflaster aus Granit ähnlich sehen.

Der in Absprache mit der Denkmalpflege ausgewählte „lebendige Backstein" variiert in vielen Farbschattierungen, damit er sich in die umgebende alte Bausubstanz besser einpasst. Auch die Dachziegel sind etwas dunkler als bei Neubauten üblich. Als historische Reminiszenz finden sich sogar in den Fundamentsockeln aus Beton noch aufwendig eingeschnittene Profile, wie sie einst Fachwerkbalken verziert haben.

Entstanden ist ein 3-Sterne-Superior-Hotel mit 83 großzügig geschnittenen Zimmern mit bodentiefen französischen Fenstern, zwei Tagungsräumen, Café, Sauna- und Fitnessbereich sowie Kunstgalerie. Im Erdgeschoss befand sich vorher eine Reihe von Garagen für Feuerwehrfahrzeuge mit einer Breite von 4,50 m. In den beiden Obergeschossen setzte sich diese Gliederung fort. Dort befanden sich die „Maisonetten"[2] der Feuerwehrfamilien. Eine Treppe im vorderen Bereich des Hauses führte zu einem überdachten Balkon an der Kaufhausstraße, über den man die Wohnungen erreichen konnte. Beim Umbau wurde die Hausfront wieder geschlossen. In die oberen Etagen gelangt man jetzt über zwei Treppenhäuser mit Aufzügen. Sie führen auf einen Mittelgang, von dem die Hotelzimmer abzweigen. Da man die tragenden Wände nicht versetzen wollte, fallen die Räume mit einer Breite von 4,50 m sehr komfortabel aus. In 3-Sterne-Hotels sind heute 3,50 m üblich.

Großzügig ausgebaut wurde auch der Dachstuhl, in dem zwei zusätzliche Etagen entstanden. Der barocke Speicherbau des Alten Kaufhauses war an den Längsseiten durch fünf unterschiedlich breite Giebel gegliedert. Architekt Johann von Mansberg nahm dieses prägende Element auf und fügte in das Dach zusätzlich zwei Reihen von sogenannten „Schleppgauben"[3] ein. Er orientierte sich dabei an der Entwurfszeichnung des Baumeisters Haeseler aus dem Jahr 1745, auf der ebenfalls zwei Reihen von Dachfenstern zu sehen sind, die damals jedoch nicht ausgeführt wurden. Der Hotelneubau ist etwas kürzer, als das Alte Kaufhaus einst war. Dadurch kann sich die Front wechselnder Erker nicht so entspannt entfalten wie bei dem historischen Gebäude. Rote Holzelemente betonen und umrahmen die Fenster wie Klappläden. Im zweiten Dachgeschoss kann man nur noch eine Reihe von Zimmern zur Wasserseite einrichten. Da tragende Wände hier kein Maß mehr vorgeben, kann man diese jedoch besonders geräumig bemessen. Entstanden sind Familienapartements

Der Zweckbau des Feuerwehrhauses bot jahrzehntelang einen unschönen Anblick.
Foto: Hans-Joachim Boldt, Oktober 2006

Der rückwärtige Giebel des Alten Kaufhauses auf einer Postkarte aus dem Jahr 1905, als die Jugendstilvilla links gerade neu erbaut worden war. Sammlung Boldt

„Lebendiger Backstein" am Hotel Altes Kaufhaus. Foto: Johann von Mansberg

Rund 9 Millionen Euro investierte Henning J. Claassen in den Hotelneubau. Man betritt das Foyer von der Kaufhausstraße aus und blickt geradewegs durch einen gläsernen Erker, der 2 m über die Ilmenau hinausragt, auf die Salzstraße am Wasser. Im Kopfteil des Gebäudes, in dem zuvor das Feuerwehrmuseum untergebracht war, befinden sich zwei Tagungsräume, in denen auch Trauungen vollzogen werden können. In der Mitte bietet das lang gestreckte Kaufhaus über die Breite von drei Fensterachsen viel Raum für Geschäfte des gehobenen Bedarfs.

Das „Alte Kaufhaus" ist als Hotel garni[4] ausgelegt, denn rund um den alten Hafen gibt es sehr viele Restaurants und Gaststätten, in denen man zu Mittag oder Abend essen kann. Den neuen rückwärtigen Giebel überragt eine Giebelspitze, die nach den Vorstellungen des Architekten von Mansberg „zur Reichenbachbrücke hin einen eigenständigen Akzent im Dialog mit dem Barockgiebel setzen" soll.[5] Hier lädt ein Café mit einem Wintergarten und einem weiteren gläsernen Vorbau über die Ilmenau auch bei Regenwetter zum Verweilen unmittelbar am Wasser ein. Im Untergeschoss präsentiert eine Galerie auf 400 m² etwa halbjährlich wechselnde Ausstellungen von Bildern und Skulpturen. Den Hotelkomplex schließt eine Tiefgarage mit Parkdeck für 42 Fahrzeuge in Richtung Reichenbachstraße ab. Verkleidet werden die Stellplätze zur Kaufhausstraße und zur Ilmenau mit Holzlamellen, zum Hotelgebäude und zur Reichenbachstraße mit geschlossenen, begrünten Wänden.

mit separaten Zimmern für mitreisende Kinder oder Jugendliche, zu betreten sowohl durch Verbindungstüren zwischen den Räumen als auch separat vom Flur aus. Hier oben genießt man einen herrlichen Blick auf die Ilmenau und über die Dächer der Altstadt auf St. Nicolai.

Alles ist mit Bedacht geplant, gebaut und eingerichtet worden. Der Bauherr, der Architekt und ihre Mitarbeiter heißen die Gäste nun herzlich willkommen!

Anmerkungen

1. Fritz Schumacher: Erziehung durch Umwelt. Hamburg o. J. (1947), S. 60
2. Maisonette: zweigeschossige Wohnung
3. Schleppgaube: Fenster einer Dachstube mit eigenem kleinen Dach, das schräg aus dem Hauptdach heraustritt
4. Als „Hotel garni" bezeichnet man ein Haus ohne eigene Mittags- und Abendküche.
5. Zitiert nach Antje Schäfer (as): Logenplatz im Wasserviertel, in: Landeszeitung für die Lüneburger Heide (LZ), 12. Februar 2009, S. 3

Eines der geräumigen Zimmer im Hotel „Altes Kaufhaus", links im Entwurf und rechts nach der Verwirklichung. Unten: Das „Canoe" am Wasser bietet auf mehr als 500 m² Restaurant, Café und Kunstgalerie.

Blick aus dem Mittelerker des Hotels „Altes Kaufhaus" über die Dächer der Altstadt auf St. Nicolai.
Foto: Werner H. Preuß, Juli 2009

Die Bürger- und Schifferkirche St. Nicolai

Wer kennt nicht den heiligen Nikolaus, dessen Namenstag am 6. Dezember gefeiert wird? Um die Gestalt des Bischofs von Myra, der den Bedürftigen hilft und sie beschenkt, ranken sich viele Legenden. Als ein Schiff einmal in Seenot geriet, flehten die Matrosen ihn um Beistand an. Er erschien sogleich und half ihnen tatkräftig, das Boot durch die stürmische See zu steuern. Glücklich im Hafen angelangt, begaben sich die Seeleute in seine Kirche, um für ihre Rettung zu danken. St. Nikolaus aber antwortete ihnen: „Nicht ich, sondern euer Glaube und Gottes Gnade haben euch geholfen."[1]

In Hamburg, Wismar, Stralsund, Greifswald und anderen Hafen- und Hansestädten gibt es Kirchen, die dem Schutzheiligen der Schiffer und Fernhändler gewidmet sind, auch in Lüneburg. St. Nicolai wurde vor 600 Jahren am 29. Juni 1409 geweiht und ist die jüngste der drei erhaltenen gotischen Kirchen im Stadtzentrum. Durch die Turmhalle gelangt man in den wundervollen Innenraum, in dem „der Blick unwillkürlich zu den auf kühnen Pfeilern schwebenden Sterngewölben hinaufeilt und, an ihnen fortgleitend, durch den reich gestalteten Chorbau gefesselt wird".[2] „Chor" nennt man den durch Stufen und Wände abgegrenzten Teil der Kirche, der den Geistlichen vorbehalten ist, „Kirchenschiff" den quadratischen Raum zwischen Turm und Altarbereich, in dem sich die Laiengemeinde versammelt. In St. Nicolai gliedert sich dieser Raum in zwei niedrige Seitenschiffe und ein hohes Mittelschiff, das zwischen den Pfeilerreihen nur 9,93 m breit ist, aber bis zum Gewölbescheitel 28,75 m emporsteigt. St. Nicolai ist damit das am steilsten himmelwärts strebende Gotteshaus der europäischen Gotik.[3]

Der heilige Nikolaus rettet ein Schiff aus Seenot. Heinz-Joachim Draeger hat viele Bilderbücher über das Leben in mittelalterlichen Hansestädten gestaltet. Anlässlich der 600-Jahr-Feier von St. Nicolai am 27. Juni 2009 signiert er sie mit kleinen Zeichnungen wie dieser. Sammlung Preuß

Entwurf des Turmes von Conrad Wilhelm Hase, vermutlich aus dem Jahr 1868. Repro: Museum für das Fürstentum Lüneburg

Zahlreiche Kunstwerke zieren die „Klaaskerke"[4] „sunte Nicolai bi dem water".[5] Darunter sind so bedeutende wie die prächtigen, märchenhaften und dramatischen Gemälde Hans Bornemanns auf den Altartafeln der längst abgebrochenen St.-Lamberti-Kirche und der Kirche des Klosters Heiligenthal (1444–1447). Im Hintergrund einer sakralen Szene zeigen mehrere der Bilder eine Idealstadt, wie sie seit dem frühen 15. Jahrhundert in der Kunstgeschichte vorkommt. Doch drei von ihnen gestaltete Hans Bornemann nach einem realen Vorbild, dem „Gesicht seiner Stadt Lüneburg. Zum ersten Mal im nördlichen Europa. Das ist revolutionär".[6] Diese Altartafeln überliefern zugleich die ältesten Ansichten Lüneburgs.

Der lange unvollendete Turm erhielt 1587 einen glockenförmigen Helm, den man „italienisch" nannte, weil er nicht mehr im gotisch aufstrebenden, sondern im geschwungenen Stil der Renaissance gestaltet worden war. 1750 stellte Stadtbaumeister Johann Philipp Hässeler jedoch fest, dass die Wände des Turmes anfingen, sich unter der eigenen Last und dem Gewicht des gegen sie drückenden Kirchenschiffes vornüber zu neigen und nach außen zu wölben. Um Erschütterungen zu vermeiden, ließ man die Glocken 1760 verstummen. Doch ertönten sie noch manchmal als Ausdruck der Staatstrauer. Das „anhaltende Grabgeläute beim Tode der Königin Charlotte (1818) und der Könige Georgs III. (1820) und Georgs IV. (1830) rüttelte dermaßen an dem altersschwachen Baue, daß es auch ihm

Blick vom Altarraum durch das restaurierte Kirchenschiff von St. Nicolai. Foto: Preußische Meßbildanstalt, 1915. Museum für das Fürstentum Lüneburg

Ein hochdramatisches Bild: Aegeas, der Statthalter der griechischen Stadt Patras, hat der Legende nach den Apostel Andreas hinrichten lassen. Zur Strafe dafür wird er von Dämonen ergriffen und mit Wahnsinn geschlagen. Auf der linken dieser beiden Tafeln des Heiligentaler Altars in St. Nicolai ist eine fiktive „Idealstadt" dargestellt, auf der rechten aber die älteste Stadtansicht von Lüneburg überliefert, 1444 geschaffen von Hans Bornemann. Foto: Hans-Joachim Boldt

zum Grabgeläute wurde. Die Risse im Gemäuer wurden so bedenklich, daß man zum unverzüglichen Abbruche des Thurmes schreiten mußte", berichtet Wilhelm Friedrich Volger.[7]

Viele hatten St. Nicolai damals schon aufgegeben. Der Abriss des Turmes dauerte bis in den Sommer 1832, als man bemerkte, dass nun das hohe Mittelschiff ins Wanken geriet und man den Stumpf besser stehen ließ, um den Bau seiner Stütze nicht zu berauben.

Um die Abbruchkosten zu decken, verkaufte man nicht nur die kupfernen Dachplatten, sondern verschrottete auch die drei größten Kirchenglocken.[8] Der Stadtchronist Volger beklagt, dass man in jener Zeit aus fehlendem Kunstverständnis „hier, wie überall, das Alte (Altmodige, Altfränkische sagte man damals) fast gründlich beseitigt, verstümmelt oder verunstaltet hat."[9] Der Tiefpunkt war erreicht, als die für St. Nicolai Verantwortlichen im Frühling 1840 beschlossen, „das Holzschnitzwerk des alten Hochaltars zu Gelde zu machen. Soweit die Schnitzereien nicht vom Unterküster im Laufe der Jahre zu Brennholz verwandt waren, lagen sie z. T. auf einem Boden hinter dem Singchor, z. T. in einer kleinen Kapelle hinter dem Altare als Gerümpel herum."[10]

Dass die St.-Nicolai-Kirche am Ende doch erhalten blieb und wieder instandgesetzt wurde, ist einer frühen „Bürgerinitiative" unter der Führung des Oberküsters Ernst Klingemann zu verdanken, der im April 1843 den „St. Nicolai Kirchenbauverein" gründete. Binnen kurzer Zeit traten mehr als 2000 Lüneburger dem Verein bei und sammelten Spenden. Einen kräftigen Schub erhielt das Unternehmen, als im Oktober desselben Jahres ein großes Militär-Manöver bei Deutsch-Evern stattfand und Fürsten aus vielen deutschen Landen – an ihrer Spitze der preußische König Friedrich Wilhelm IV. – in Lüneburg Quartier nahmen. Er war tief beeindruckt von St. Nicolai, spendete einen sehr hohen Betrag und rief zur Erhaltung des Gotteshauses auf: „Lüneburger, diese Kirche dürft ihr nicht sinken lassen."[11]

Zwischen 1864 und 1869 wurde St. Nicolai nach den Plänen des Hannoveraner Architekten Conrad Wilhelm Hase renoviert und dabei vollkommen umgestaltet. Die niedrigen und schwachen Strebebögen, die vorher unter den Dächern der Seitenschiffe vor der Witterung verborgen waren, ließ er durch höhere und stärkere ersetzen. Diese sichtbare Konstruktion gibt dem ursprünglich ganz schlichten Bau „das jetzige reiche Aussehen einer Kathedral-Kirche."¹² Auch im Innern wurde vieles verändert. Hase ließ eine neugotische Kanzel und ein Lesepult aus – zum Teil farbig glasiertem – Backstein einbauen, von denen heute nur noch bescheidene Reste vorhanden sind, die in der Krypta ausgestellt werden. St. Nicolai wurde mit dem Altar und den Glocken der 1860 abgerissenen St.-Lamberti-Kirche neu ausgestattet und hat seit 1895 auch wieder einen Turm.

Conrad Wilhelm Hase war die führende Persönlichkeit der neugotischen Architektur-Richtung. 1880 gründete er mit Gleichgesinnten die „Bauhütte zum weißen Blatt", in der man keinen Unterschied mehr machte zwischen Professoren und Studenten, sondern, wie in den mittelalterlichen Dombauhütten, von Meistern und Gesellen sprach. Die Mitglieder der Vereinigung erforschten die Baukunst vergangener Epochen und versuchten, sie sich schöpferisch anzueignen. Man half einander und förderte sich gegenseitig. So kam es, dass Stadtbaumeister Richard Kampf (1857–1919), der die Bauhütte mitgegründet hatte, den von Hase entworfenen Turm der St.-Nicolai-Kirche vollendete. Zu den Prinzipien der neugotischen Architekten gehörte, „echte" Materialien wie unverputzten Backstein und industriell gefertigte Formsteine zu verwenden und die Gebäude-Konstruktionen

Der alte Turm von St. Nicolai beult in der Mitte (b.) aus und neigt sich vornüber. Zeichnung des Stadtbaumeisters Johann Philipp Hässeler aus dem Jahr 1750. Stadtarchiv Lüneburg

durchschaubar zu machen. In St. Nicolai wusch man daher die Farbe von den Pfeilern und ließ die neuen Strebebögen nicht wieder unter den Dächern der Seitenschiffe verschwinden. Die Mitglieder der Bauhütte waren damit zu ihrer Zeit modern. Sie wussten aber auch, dass selbst die stolzesten Leistungen der Gegenwart bald veraltet sein würden. Aus dieser inneren Einkehr entsprang ihre Wertschätzung alter Bauwerke und ihr Engagement für die Denkmalpflege.¹³

St. Nicolai, um 1892. Kräftige Strebebögen stabilisieren das Kirchenschiff und geben dem Gotteshaus ein stattliches Aussehen. Museum für das Fürstentum Lüneburg

Der Querschnitt durch St. Nicolai vor und nach der Restaurierung, gezeichnet von Conrad Wilhelm Hase und Franz Krüger. Aus: Mithoff, wie Anm. 2, S. 152. Und: Die Kunstdenkmale der Stadt Lüneburg, wie Anm. 8, S. 144.

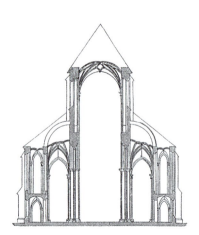

Den Glocken von St. Nicolai blieb das Schicksal nicht erspart, das viele andere auch erleiden mussten. Im Mai 1944 wurden zwei von ihnen zerschlagen, aus dem Turm gestürzt und abtransportiert. Angeblich benötigte man die Bronze unbedingt für Granathülsen und andere Rüstungszwecke. Tatsächlich ging es um eine Demonstration der Macht des Staates über die Religion des Friedens, die keine nationalen Unterschiede kennt. Denn hat man je gehört, dass auch „Führerstandbilder" wegen ihrer Bronze zerschlagen und von ihren Sockeln gestürzt worden wären? Zurück blieb nur die etwa 4,5 Tonnen wiegende Marienglocke aus dem Jahre 1491 mit dem Schlagton a°. Gegossen hat sie der berühmte Meister Gherhardus de Wou aus Kampen, der 1497 auch die fast 11,5 Tonnen schwere Gloriosa zu Erfurt erschaffen hat. Nach dem Krieg erhielt St. Nicolai vom Glockenfriedhof in Hamburg-Veddel eine zweite Glocke mit dem Schlagton e', die aus Fischhausen in Ostpreußen dorthin gebracht worden war.

St. Nicolai ist eine Bürgerkirche. Als stolzes Wahrzeichen der Hansestadt Lüneburg ist sie einst von wohlhabenden Familien errichtet worden. Für die Erhaltung des Gotteshauses und eine lebendige Gemeindearbeit engagiert sich heute die „Bürgerstiftung St. Nicolai". 2009 setzte sie sich ein besonderes Ziel: Geld für eine neue, dritte Glocke mit dem Schlagton c' zu sammeln, um den a-moll-Dreiklang zu vervollständigen. Die dafür nötigen etwa 2,5 Tonnen „Glockenspeise" aus vier Teilen Kupfer und einem Teil Zinn spendete schon 1986 der frühere Kapitän und heutige Galerist Hans-Jürgen Meyer, der damals sowjetische Kriegschiffe aufgekauft und verschrottet hatte. Er wollte ein Zeichen des Friedens setzen und dafür danken, dass er und seine Schiffsbesatzung stets unversehrt den Hafen erreicht haben. Verziert wurde die Glocke von der Berliner Bildhauerin Anna Franziska Schwarzbach mit 17 Motiven nach Versen des Psalm 107:

„*Die mit Schiffen auf dem Meere fuhren und trieben Handel in grossen Wassern; die des Herrn Werke erfahren haben und seine Wunder auf dem Meere, wenn er sprach und einen Sturmwind erregte, der die Wellen erhob, und sie gen Himmel fuhren und in den Abgrund sanken, dass ihre Seele vor Angst verzagte, dass sie taumelten und wankten wie Trunkene und wussten keinen Rat mehr; die dann zum Herrn schrien in ihrer Not, und er führte sie aus ihren Ängsten und stillte das Gewitter, dass die Wellen sich legten, und sie froh wurden, dass es stille geworden war, und er sie zum erwünschten Land brachte: die sollen dem Herrn danken für all seine Güte und für seine Wunder, die er an seinen Menschenkindern tut und ihn in der Gemeinde preisen.*"[14]

Am 4. Oktober 2009 erklangen alle drei Glocken zum ersten Mal gemeinsam.

Hergestellt wurde die „Friedens- und Schifferglocke" in der Kunst- und Glockengießerei von Hanns-Martin Rincker in Herborn-Sinn. Unter den Augen der Künstlerin Anna Franziska Schwarzbach wird gerade das Wachsrelief mit den Bildern zu Psalm 107 auf die Form, die „falsche Glocke", aufgetragen. Der Guss folgte am 24. Juli 2009. Foto: Uwe Asmussen

61

Die Mitglieder der Schiffsleute-Brüderschaft Lüneburg 1909, zum Teil in ihrer kuriosen Fastnachtskleidung. Die vier „Altermänner" (der Vorstand) sitzen am Tisch, haben festliche weiße Schürzen angelegt und ihre bunten Kronen aufgesetzt. Rechts hinter ihnen steht der „Bajazz" (Harlekin, Spaßmacher) im Kittel und mit spitzer Mütze. Bei den Zusammenkünften und Festen der Schiffer hing das Modell des Ilmenau-Ewers von 1710 stets über dem Tisch und musste ständig in Bewegung gehalten werden. Das Original befindet sich im Museum, eine Kopie desselben hängt seit 1980 in der St.-Nicolai-Kirche. D. v. Anderten: Die Fastnacht der Lüneburger Schiffergilde. In: Erika. Sonntagsblatt der Lüneburgschen Anzeigen, 15. Februar 1931.
Foto: Museum für das Fürstentum Lüneburg

Einmal im Vierteljahr läd St. Nicolai eine aktive Lüneburger Persönlichkeit ein, im Gottesdienst von ihren Erfahrungen zu einem Bibeltext zu sprechen. So bat der Schiffsbauer Carl-Friedrich von Schack, der einem uralten Lüneburger Adelsgeschlecht entstammt, am 7. Juni 2009 auf der „Bürgerkanzel" um Gottes Segen für ein Projekt, das jungen Erwachsenen ohne Berufsausbildung dabei hilft, ihre Fähigkeiten in einem gemeinsamen Werk zu erproben und sich für den Arbeitsmarkt zu qualifizieren. „Denn ein jeglicher Mensch, der da isst und trinkt und hat guten Mut in aller seiner Arbeit, das ist eine Gabe Gottes", spricht der Prediger Salomo[15] im Alten Testa-

Die Mitglieder der Schiffervereinigungen hatten in St. Nicolai für sie reservierte Plätze. Auf der linken Bankwange ist ein Anker, auf der rechten sind zwei gekreuzte Stangen mit Haken zu sehen. Mit ihrer Hilfe wurden die Frachtsegler vom Untergrund abgestoßen, vom Ufer ferngehalten oder an der Kaimauer eingehakt und gezogen. Foto-Ausschnitt: Preußische Meßbildanstalt, 1915. Museum für das Fürstentum Lüneburg

Vergoldete schmiedeeiserne Darstellung des Lüneburger Ewers am Gestühl des Schifferamtes in St. Nicolai. Nach einer Zeichnung von Adolf Brebbermann: Lüneburg – Allerlei am Wege. Lüneburg 1980

ment. Initiiert vom „Arbeitskreis Lüneburger Altstadt" und getragen von mehreren Institutionen war 2007 vor dem Deutschen Salzmuseum eine kleine Bootswerft entstanden, in der die Jugendlichen unter professioneller Anleitung Schritt für Schritt einen Ilmenau-Ewer zimmerten. Segelschiffe dieses Typs dienten früher dazu, bis zu 20 Tonnen Lüneburger Salz zu verfrachten. Der Neubau ist annähernd 15 m lang und orientiert sich an historischen Abbildungen, Dokumenten und Modellen, von denen eines seit 1980 in der St.-Nicolai-Kirche hängt. Auch für dieses Projekt sind Spenden von vielen Seiten eingegangen. Inzwischen ist das Werk vollbracht. Am 27. November 2009 lief der Salz-Ewer „De Sulte" vom Stapel. Das Schiff soll nun den historischen Hafen beleben und auf Ausflugsfahrten nach Wittorf Gästen den Eindruck einer historischen „Salzfahrt" vermitteln.

Nach historischen Vorbildern entsteht ein „Ilmenau-Ewer" (Frachtsegler). In der kleinen Werft beim Deutschen Salzmuseum erwerben ausbildungslose junge Erwachsene Kenntnisse und Fähigkeiten in den Berufsfeldern Bootsbau, Tischlerei, Metallbau, Bauten- und Objektbeschichtung. Foto: Preuß, Mai 2009

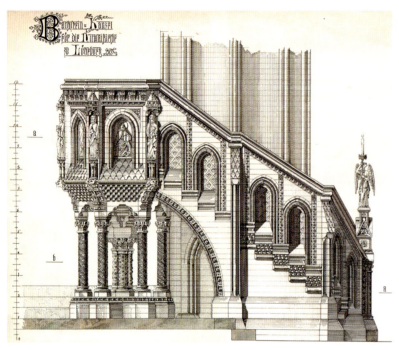

Der Entwurf der Backsteinkanzel für St. Nicolai von Conrad Wilhelm Hase ist ein kleines Kunstwerk. Sie war mit farbig glasierten Formsteinen reich verziert. 1959 wurde sie der Mode folgend mit anderen neugotischen Einbauten aus der Kirche wieder entfernt. Stadtarchiv Lüneburg

Anmerkungen

1. Vgl. Richard Benz: Die Legenda aurea des Jacobus de Voragine. Aus dem Lateinischen übersetzt. Darmstadt 12/1997
2. Hector Wilhelm Heinrich Mithoff: Kunstdenkmale und Alterthümer im Hannoverschen. Band 4: Fürstenthum Lüneburg. Hannover, Husum: Husum Druck- und Verlagsgesellschaft 2010 (Reprint der Ausgabe von 1877), S. 152
3. Der Baugeschichte widmet sich eingehend Hansjörg Rümelin: Architektur und Kulturgeschichte. St. Nicolai in Lüneburg. Bauen in einer norddeutschen Hansedtadt 1405–1840. Hannover, Verlag Hahnsche Buchhandlung 2009
4. Klaaskerke: Klaus-Kirche, dem heiligen Nikolaus geweiht Kirche. Mithoff, wie Anm. 2, S. 152
5. sunte Nicolai bi dem water: Sankt Nicolai bei dem Wasser. Mithoff, wie Anm. 2, S. 151
6. Melanie Luck von Claparède: Kanzelrede in St. Nicolai am 7. März 2004. In: Die Bürgerkanzel in St. Nicolai Lüneburg. Herausgeber: Hans-Hermann Jantzen. Lüneburg, Verlag Landeszeitung für die Lüneburger Heide GmbH, S. 80–90. Hier S. 89
7. Wilhelm Friedrich Volger: Die St. Nikolai-Kirche. Lüneburger Neujahrsblatt 1857. In: Lüneburger Blätter. Herausgegen von Dr. Wilh. Friedr. Volger. Lüneburg, Druck und Verlag von Heinr. König (Neuausgabe von Wilhelm Görges nach 1878), S. 97–108. Hier S. 100
8. Vgl. Die Kunstdenkmale der Stadt Lüneburg. Bearbeitet von Franz Krüger und Wilhelm Reinecke. Osnabrück, H. Th. Wenner 1980 (Reprint der Ausgabe von 1906), S. 136f.
9. Volger: Die St. Nikolai-Kirche, wie Anm. 7, S. 106
10. Die Kunstdenkmale der Stadt Lüneburg, wie Anm. 8, S. 137
11. Vgl. Die Kunstdenkmale der Stadt Lüneburg, wie Anm. 8, S. 138
12. Die Kunstdenkmale der Stadt Lüneburg, wie Anm. 8, S. 142
13. Vgl. zur „Bauhütte zum weißen Blatt": Günther Kokkelink; Monika Lemke-Kokkelink: Baukunst in Norddeutschland. Architektur und Kunsthandwerk der Hannoverschen Schule 1850–1900. Hannover 1998, S. 105
14. Psalm 107, Verse 23–32
15. Prediger Salomo, 3. Kapitel, Vers 13

Bis zur Zerstörung im Jahr 1938 gab es im Wasserviertel noch ein weiteres Gotteshaus in neugotischen Formen: die jüdische Synagoge. Errichtet wurde sie in den Jahren 1892 bis 1894 nach Plänen des Stadtbaumeisters Richard Kampf, der gleichzeitig die Fertigstellung des St.-Nicolai-Kirchturms leitete. Am linken Bildrand schaut man auf die Reichenbachbrücke in Richtung Schifferwall. Über die Ilmenau gleitet der Blick auf die Kaufhausstraße mit einer weißen Villa in schlichtem Jugendstil, die heute noch erhalten ist. Foto: Unbekannt, um 1920. Sammlung Boldt

Das Schützenfest

"Lüneburg. Ilmenau mit Abtsmühle und altem Wasserturm"

Mittelpunkt des geselligen Lebens war das Schützenhaus im Schießgraben. Erbaut wurde das schlichte, doch stattliche und wohlproportionierte Gebäude 1708 nach Plänen des Stadtbaumeisters Georg Schultze, der um 1720 auch dem Lüneburger Rathaus seine eindrucksvolle barocke Schaufront verlieh. Im Schützenhaus befand sich eine Schankwirtschaft, die nach den napoleonischen Kriegen um eine verdeckte Kegelbahn erweitert wurde. 1757 war zudem ein großer Stall für 400 Pferde errichtet worden, dessen Überrest 1966 abgerissen wurde. Das Schützenhaus selbst brannte am 5. Oktober 1918 völlig aus. Damals diente es als

Abb. Seite 66: Am linken Ufer liegt der Schutt abgerissener kleiner Häuser Hinter der Altenbrückermauer, heute Ilmenaustraße. Reinicke & Rubin, Magdeburg 1906. Kolorierte Postkarte. Sammlung Boldt

Kriegsgefangenenlager für russische Soldaten. Um sich zu wärmen, hatte die Wachmannschaft Feuer in einem Ofen entfacht, der längere Zeit nicht benutzt worden war und dessen Schornstein wohl defekt gewesen ist.[1]

Das Schützenhaus hatte eine wechselvolle Geschichte. 1733 wurden die aus dem Salzburger Land ihres Glaubens wegen emigrierten Lutheraner drei Tage auf Kosten des Rates im Schießgraben bewirtet. Von 1803 bis 1813 diente es der französischen Besatzung als Kaserne. Ende der 1830er-Jahre war es mehrfach Bühne liberaler Volksversammlungen. Während der deutschen Revolution von 1848/49 debattierte

Blick von demselben Standpunkt wie das vorige Bild. Beide ergänzen sich zu einem Panorama. Man schaut auf die Lüner Mühle, an der die Ilmenau sich nach links vom „Kleinen Lösegraben" trennt. Am rechten Ufer liegt das Schützenhaus. Foto: Otto Meissner, Hamburg, 1904. Museum für das Fürstentum Lüneburg

Abb. Seite 69:
Es ist nicht leicht, die „Partie an der Ilmenau" zu lokalisieren. Im Mittelgrund liegt das alte Schützenhaus am Wasser. Man betrachtet es von einem Standpunkt an der Ilmenaustraße aus, der der Abtsmühle näher liegt als der vorige. Links erkennt man eine Ecke der Mühleninsel. Die Ilmenau fließt von rechts nach links um sie herum.

im Schützenhaus wöchentlich der „Bürger-Verein". 1873 erhitzte der geplante Verkauf des Ratssilberschatzes in der Stadt die Gemüter. Und wieder traf sich die Protestversammlung im Schießgraben.[2] Doch ihr Einspruch war vergeblich.

Schützenfeste sind in Lüneburg seit dem frühen 14. Jahrhundert nachweisbar. Sie fanden in Friedenszeiten alljährlich im Mai oder Juni statt. In seinen Jugenderinnerungen (1897) schildert Pastor Wilhelm Friedrich Kallmeyer (1823–1903), wie ein Schützenfest um 1835 begangen wurde:

„Das Schützenfest wurde in dem damaligen Schießgraben gefeiert, der auf der einen Seite von dem hohen Schießgrabenwall, auf der anderen Seite von der Ilmenau begrenzt war, und sich von dem Schützenhause bis zur Lohgerberei erstreckte, die an der Stelle des jetzigen Heynschen Hauses lag.[3] Diese Lohgerberei war durch eine Mauer und einen Erdwall von dem Schießgraben getrennt. An dieser Mauer stand die Scheibe mit dem Adler, und vor dem Schützenhause war der Schützenstand.[4] Ein allgemeines Volksfest war das Schützenfest damals noch nicht. Es fehlte zwar bei Einführung des Schützenkönigs nicht an Schaulustigen aus allerlei Volk, aber das Zuschauen war auch alles. Es waren noch keine Würfelbuden, keine Erfrischungszelte, keine Tanzzelte, kein Carroussel vorhanden. Das Schützenhaus war die einzige Gastwirtschaft, und diese war auch nur für die Schützen und deren Angehörige da.

Angekündigt wurde das Fest dadurch, daß im Anfang der Schützenwoche ein Bajazzo[5] sich in den Straßen zeigte und seine Capriolen machte. Ein Schwarm von Gassenjungen lief alsbald hinter ihm her und rief ihm nach: ‚Ei ei tuck tuck, Ei ei tuck tuck!', suchte sich aber dabei in angemessener Entfernung zu halten; denn der Bajazzo drehte sich mal unversehens um, und wer sich zu nahe herangewagt hatte, der kriegte einen Schlag mit der Pritsche[6]. Zwei Altermänner[7], die dazu jährlich aus den wohlhabenden Bürgern gewählt wurden, waren die Festordner. Es war ein Ehrenamt, das mit einigen Ausgaben für Tractamente verbunden war. Unser Vater war Altermann im Jahre 1828, wenn ich nicht irre. Ich habe mir im vorigen Jahre noch einmal im Schützenhause die Königsscheibe angesehen, auf der sein Name verzeichnet steht. Die Altermänner mußten dann wieder für einen Maigrewen (Maigrafen)[8] sorgen, der die Ehre hatte, den Preis für den Königsschuß zu zahlen, wenn ich nicht irre 50 Thaler. Außerdem war der Schützenkönig ein oder zwei Jahre lang von allen städtischen Abgaben befreit. Der Mittwoch war dazu bestimmt, den Maigrewen einzufangen oder einzuholen.

Das geschah immer in folgender Weise: Früh morgens gegen 9 Uhr kam der designirte Maigrewe in Begleitung eines Freundes oder vielleicht eines Altermanns ganz von ohngefähr und

nichts Böses ahnend durch das Altenbrückerthor in die Stadt. In dem Lohgerberhause lauerten aber schon etliche Schützen auf ihn; ehe er sich's versah, wurde er mit einer Guirlande von Eichenlaub umwunden und im Triumph nach dem Schützenhause geführt, wo dann gut gefrühstückt wurde.

Am Donnerstag war das Königsschießen. Am Freitag wurde der König eingeführt. Geschmückt mit der silbernen Kette, die von einem früheren Schützenkönig namens Gerstenkorn gestiftet war, wurde er von den Schützen nach dem Scheibenstande[9] und von da mit der Scheibe nach dem Schützenhause zurückgeführt, natürlich mit Musik und unter Böllerschüssen.[10] Dann folgte das Königsessen, die ausgebrachten Gesundheiten[11] wurden mit Böllerschüssen begleitet. Nach dem Essen ergingen sich die Schützen mit ihren Frauen im Freien, wobei die Fahnen geschwenkt wurden – ein sehr mäßiges Schauspiel –, und ehe der Tanz der Großen begann, durften auch die Kinder

Reinicke & Rubin, Magdeburg 1907. Kolorierte Postkarte, versandt am 20. 8. 1918. Sammlung Boldt

aus den Familien der Schützen ihr Tänzchen machen. Feuerwerk und Illumination gab es nicht, nur daß spät abends am Schützenstand ein etwas trübes Transparent in die Dunkelheit hineinleuchtete mit der Inschrift:

Floreat Commercium".[12] Es blühe der Handel!

Sein Altersgenosse Carl Ferdinand Heyn bestätigt ihn: „Auf Feiern und Schlemmen kam aber schon zu meiner Jugendzeit alles hinaus: nach der Königsscheibe wurde mit dem glatten Rohre[13] geschossen. Es war daher die reine Lotterie und wirklich gefährlich, sich dabei zu betheiligen, denn die Leiter des Ganzen verstanden auch hier schon das corriger la fortune.[14] Wenn ein einigermaßen beliebter, wohlhabender Mann schoß, konnte er ziemlich sicher damit rechnen, König zu werden und das kostete an Frühstücken und Traktamenten[15] viel Geld. Die von der Stadt dafür ausgesetzten 50 Thaler reichten nicht aus."[16]

Im April des Revolutionsjahrs 1848 wurde auch in Lüneburg eine „Bürgerwehr" gegründet, die sich neue Gewehre anschaffte. Auch die Schüler des Gymnasiums Johanneum legten sich Waffen zu und bildeten ein eigenes „Schüler-Corps". Die Bürgerwehr verstand sich als Schutz vor gewalttätigen Aufständen und Selbstverteidigung gegen das fürstliche Militär. Sie sollte für Ruhe und Ordnung sorgen. In Lüneburg brauchte die Bürgerwehr ihre „Wehrhaftigkeit" glücklicherweise nicht zu demonstrieren, doch veranstaltete sie Schützenfeste bis zu ihrer Auflösung im Jahre 1857, die zu wirklichen Volksfesten wurden.

Zum Beispiel 1855: Das Schützenfest dauerte vom 27. Juni bis 2. Juli des Jahres. Am Mittwoch, dem 27. Juni, begann es um 5 Uhr mit dem morgendlichen Weckruf. Reveille schlagend[17] zogen die Tamboure[18] der Bürgerwehr durch die verschlafenen Straßen der Stadt. Um 7 Uhr hieß es für die Bürgerwehr-Kompanien: „Am Sande antreten!" Dann zogen sie mit dem vorjährigen Schützenkönig an der Spitze hinaus zum Schützenhaus im Schießgraben. Anschließend begann das Schießen.

Benutzt werden durften allein die neuen Gewehre der Bürgerwehr und des Schülerkorps ohne Fernglas und Zielvorrichtung. Auch die Munition wurde einheitlich ausgegeben, um eine Chancengleichheit der Schützen zu gewährleisten. Ob man ins Schwarze traf, war allerdings „Glückssache". Denn auf eine Distanz von mehr als 150 m musste man in einem Winkel von 30 bis 45 Grad hoch über die Scheibe zielen, damit sich die Flugbahn der Kugel vielleicht auf sie herabsenkte.

Der Wettbewerb dauerte bis zum nächsten Nachmittag. Für 16 Uhr war das Ende des Königsschießens angesetzt. Vor der im Schießgraben angetretenen Bürgerwehr folgte die

„Verkündigung des neuen Schützenkönigs unter dem Donner der Kanonen; sodann Vertheilung der Gewinne durch einen Abgeordneten des Magistrats. – Geleitung des Schützenkönigs durch die gesammte Bürgerwehr nach dessen Hause. Abends 8 Uhr. Königsessen im hiesigen Schützenhaussaale für Damen und Herren."[19]

Am folgenden Freitag, dem 29. Juni 1855, versammelte sich die Bürgerwehr um 3 Uhr nachmittags Am Sande, um zum „neuen Festplatz vor dem Lüner und Altenbrücker Thor" hinaus zu marschieren, der „unmittelbar an dem Bahnhofe belegen" war, um „recht zahlreichen Besuch auch auswärtiger Freunde dieses Festes" herbeizulocken. Nach der Parade vor dem Schützenkönig wurden die „Spiel- und Tanzbelustigungen" eröffnet. Das Programm sah bei Eintritt der Dunkelheit eine Beleuchtung des Festplatzes vor. Abends um 7 Uhr begann der Festball im Schützenzelte.

Am Sonnabend Nachmittag spielte in den Zelten Tanzmusik, und am Sonntag begann um 15 Uhr „ein allgemeines Volksfest mit Tanz und Belustigungen aller Art (Kletterbaum, Hahnenschlagen[20], Ritterspiele u. dergl.)", das am Montag Nachmittag fortgesetzt wurde. Man erleuchtete an beiden Abenden den Festplatz. Den Höhepunkt bildete am Sonntagabend das „Abbrennen eines brillanten Feuerwerks".
Die Festkommission versicherte, sie werde „zur Verschönerung dieses Festes Alles, was in ihren Kräften steht, aufbieten. Wir laden daher sämmtliche Bewohner unserer Stadt und alle Freunde froher Volksfeste aus Nah und Fern hiermit ein, unser diesjähriges Schützenfest recht zahlreich zu besuchen und die Feier dieses einzig gemeinsamen Festes der hiesigen Bürger durch eine rege Theilnahme zu verherrlichen."[21]

Das Schützenhaus vom Schießgrabenwall herab aufgenommen. Beschattet wird das barocke Gebäude von einer mächtigen Eiche. Rechts ist der Abtswasserturm zu sehen und in der Ferne, eingerüstet für den Bau der Strebepfeiler und noch ohne den neugotischen Turm, St. Nicolai, die Schifferkirche. Foto: Lühr, Gebrüder. Lüneburg: „Ansichten von Lüneburg", 1865. Sammlung Boldt

Abb. Seite 73:
R. Paul Hecht:
„Am Stintmarkt in Lüneburg Okt. 1934"
Aquarellierte Farbstiftzeichnung.
Museum für das Fürstentum Lüneburg

Anmerkungen

1. Vgl. Wilhelm Reinecke: Lüneburger Schützenwesen. In: Lüneburger Museumsblätter, herausgegeben im Auftrage des Museumsvereins für das Fürstentum Lüneburg, Heft 13, 1937, S. 13–58. Hier S. 22ff. Ferner: Lüneburgsche Anzeigen, 8. 10. 1918
2. Vgl. Wilhelm Reinecke: Lüneburger Schützenwesen, wie Anm. 1, S. 23
3. Heynsches Haus: Altenbrückertorstraße 9 und 10
4. Schützenstand: Standort der Schützen, von dem aus sie auf die Scheibe schießen
5. Bajazzo: kostümierter Spaßmacher mit Schellenkappe, Possenreißer, Hanswurst
6. Pritsche: Klapperbrett des Bajazzo, Schlagholz der Festordner
7. Altermänner: Älteste, Vorsteher der Schützenvereinigung
8. Maigraf: Vgl. Eduard Kück: Lüneburger Wörterbuch. Wortschatz der Lüneburger Heide und ihrer Randgebiete [...], Zweiter Band I–R, Neumünster, Karl Wachholtz Verlag 1962, Spalte 342: „noch vor mehreren Menschenaltern fand in Luneburg während des Schützenfestes das ‚Maigrēw'ngrīp'n' statt, indem ein besonders wohlhabender Mann durch Überwerfen eines großen Kranzes zum Maigrafen, d. h. zum Bewirter der Festgesellschaft, erkoren wurde; die Würde, ein Rest der alten Maifeier, war von der des Schützenkönigs verschieden."
9. Scheibenstand: der Standort der Zielscheibe
10. Böllerschüsse: Salut, Freudenschüsse
11. Gesundheiten: Trinksprüche
12. Hans Dumrese: Jugenderinnerungen des Pastors Wilhelm Friedrich Kallmeyer. In: Lüneburger Blätter. Heft 9. Lüneburg 1958, S. 111–135. Hier S. 124f.
13. glattes Rohr: Lauf eines älteren Gewehres. Neuere „gezogene" Büchsen sind inwendig mit spiralförmigen Riefen versehen, um der Kugel einen Drall zu geben und dadurch die Flugbahn zu stabilisieren. Vgl. Meyers Großes Konversations-Lexikon. Ein Nachschlagewerk des allgemeinen Wissens. 6. Auflage, 8. Band. Leipzig und Wien, Bibliographisches Institut 1905, S. 449: „Der großkalibrige (18–20mm) glatte Lauf der ältern Gewehre verschoß eine von der Mündung geladene, schwere Rundkugel."
14. corriger la fortune: französisch „korrigiere das Glück"
15. Traktamente: Bewirtung mit Speise und Trank
16. Carl Emmo Vissering: Aus einem Lüneburger Bürgerhause des 19. Jahrhunderts. Erinnerungen von C. Ferdinand Heyn. In: Lüneburger Blätter, Heft 7/8, 1957, S. 117–138. Hier S. 124f.
17. Reveille: militärischer Lockruf
18. Trommler
19. Programm des Schützenfestes in Lüneburg vom 27. Juni bis 2. Juli 1855. In: Sammlung Langermann, Ratsbücherei Lüneburg, Sign. MS A Luneburg 2° 24a
20. Hahnenschlagen: ein Spiel, das uns heute tierquälerisch erscheint: Mit verbundenen Augen und einem Dreschpflegel über der Schulter gehen die Spieler über eine Wiese, auf der unter einem Tontopf ein Hahn versteckt ist. Wer ihn zuerst findet und den Topf zertrümmert, hat das Spiel gewonnen und ist Hahnenkönig.
21. Programm des Schützenfestes 1855, wie Anm. 19

Fisch- und Stintmarkt

Jahrhundertelang war Fisch in Lüneburg ein Hauptnahrungsmittel und wichtiges Handelsgut: lebend angeboten, auf Eis frisch gehalten, geräuchert, in Öl eingelegt und vor allem in Fässern mit Lüneburger Salz konserviert. Heringe und Lachse, Sprotten und Stinte standen auf jedem bürgerlichen Speisezettel.

„Sprotten" sind kleine, heringsähnliche Fische, die im tieferen Wasser der Nord- und Ostsee leben, aber jährlich zur Laichzeit (Mai und Juni, auch im Herbst) an die Küsten schwimmen und früher in Massen gefangen wurden. In Deutschland schätzte man die geräucherten „Kieler Sprotten" besonders. Man marinierte die Fische auch als „Anchovis" und brachte sie, mit sehr scharfen Gewürzen haltbar gemacht, als „Russische Sardinen" in den Handel.

Meyers Lexikon berichtet 1860: „An den englischen Küsten ist der Fang der Sprotten so ergiebig, daß sie in manchen Gegenden zur Winterszeit die Hauptnahrung der niederen Volksklasse ausmachen und sogar scheffelweise zur Düngung, besonders des Hopfens, verkauft werden."[1] Auch in Lüneburg war billiger, nicht mehr ganz frischer Fisch für die arme Bevölkerung oft das einzige tierische Nahrungsmittel.

Der „Stint" gehört zu den Edelfischen aus der Familie der Lachse oder „Salme". Er ist von forellenähnlichem Aussehen, hält sich den Winter über in den Tiefen der Nord- und Ostsee verborgen und steigt im Frühjahr zum Laichen weit in die Flüsse hinauf. Früher fing man ihn vor allem in der Elbe in großen Mengen. Der Stint riecht zwar unangenehm – man nennt ihn auch „Stink-Salm" – schmeckt gebraten aber vorzüglich. Wie die Sprotte behandelte man auch den Stint als „Massenware", d. h. man hat

Im Vordergrund ein Korb und ein aufgespanntes Netz mit Reusen – letzte Anzeichen des florierenden Fischhandels vergangener Zeiten.

Abb. Seite 75: Häuser am Stintmarkt.
Foto: Wilhelm Dreesen, Flensburg, 1903.
Otto Meissners Verlag in Hamburg. Sammlung Boldt

Blick vom Stintmarktkai an der Kaufhausbrücke auf den Hafen. Von links nach rechts entfaltet sich ein Panorama von Gebäuden: Auf die Häuser am Fischmarkt folgt die Lüner Mühle. In ihrem Vorbau arbeitet eine Ölmühle. Jenseits des Mühlensteges erkennt man das Schützenhaus, rechts daneben die Abtswasserkunst mit dem Verschlag für das Wasserrad, dann die sogenannte „kleine Abtsmühle" und schließlich Häuser, Boote und Schiffer am Stintmarkt. Foto: Raphael Peters, vor 1880. Sammlung Boldt

ihn „als Nahrung für wertvollere Fische in Teiche gesetzt und als Dünger und zur Bereitung von Tran[2] benutzt."[3]

Der Fischmarkt befand sich in Lüneburg unmittelbar am Hafen. „Die eigentliche Bereitungs- und Verkaufsstelle für den in Lüneburg beliebtesten und sicherlich gängigsten Fisch war der ‚Häringsteg' oder ‚Heringstegel', eine mit bewohnten Pfahlbauten einseitig besetzte, [...] nur 4 Schuh breite Laufbrucke aus Holz zur Verbindung des linken Ilmenauufers mit dem Werder, auf welchem der Abtswasserturm errichtet wurde, und von dort sich fortsetzend bis zum rechten Ufer des Flusses, um in der Südecke des Fischmarktes an einem der städtischen Wohntürme zu enden."[4] Der alte Mauerturm ist auf dem Stadtplan von 1856 als „Spritzenhaus" eingezeichnet und auf mehreren Bildern dieses Buches zu sehen. Die letzten Häuser am „Heringstegel" wurden 1893 abgerissen, um der neuen Ilmenaustraße Platz zu machen.

Carl Ferdinand Heyn schildert in bunten Farben das Leben und Treiben am Lüneburger Fisch- und Stintmarkt. Bis in die 60er-Jahre des 19. Jahrhunderts, so glaubt er sich zu erinnern, „hielt sich noch der Ausrufer, welcher natürlich in Plattdeutscher Mundart seine Neuigkeiten verkündete – ‚Halt: Schellfisch etc. – Da soll ook verkoft warn – da is ook verlaren – wer denn funnen hett, de kann sik bi mi anfin'n, de sall en good Drinkgeld hem'm.'"[5]

Dazu kamen alle Fischer noch in Fischewern[6] von der Elbe herauf. Stint, Schellfisch und Schollen wurden aus diesen Ewern heraus verkauft. Die Straßen-Namen Fischmarkt, Stintmarkt erinnern daran. Daß 4 oder 5 solcher Ewer nebeneinander lagen, war gewöhnlich. Die Fischmenger-Gilde (fishmonger in London) war bedeutend. Oft konnte man unsere Fischmenger[7], welche freilich nur auf der Elbe und der Ilmenau fischten, mit ihren kleinen flinken Kähnen ankommen sehn, an deren beiden Seiten je ein großer lebendiger Stör am Tau die Fahrt mitmachte.

An diesen früher bedeutenden Erwerbszweig hat sich denn auch wohl die Fabrikation von Fischpräparaten, Elbcaviar, Anchovis, Aal und Heering als Rollmops etc. etc. angelehnt, welche bis auf den heutigen Tag bedeutend geblieben ist, sind doch die Lüneburger Neunaugen[8] überall bekannt.

Des Mannes, der abends mit einer Karre und einer Laterne durch die Straßen zog und ‚Lübsche Bückling, Kieler Sprott von de Kaar – frische Waar'[9] mit brüllender Stimme ausrief, werden sich noch manche erinnern, sowie auch noch der Altenländer Kirschewer[10], die zuweilen vier hoch am Stintmarkt lagen und darin wohl das Pfund ‚seute Morellen' (so wurden sie ausgerufen)[11] zu drei oder vier Pfennig (einen Mattier)[12] verkaufen mußten."[13]

Das Bild des Stintmarktes hat sich vollkommen verändert, doch weniger bunt und munter wirkt es heute nicht – besonders nicht an warmen Sommerabenden, wenn Terrassen und Straßenlokale Scharen von Gästen ans Wasser locken.

Im Vordergrund führt ein gepflasterter Weg zur Viehtränke an das Wasser. Ein herrlicher Spielplatz für Generationen von Kindern!

Die restaurierten Stintmarkt-Häuser bilden einen besonders reizvollen Anziehungspunkt für Besucher aus nah und fern. In zahlreichen Gaststätten und Straßenlokalen genießen sie hier mit den Bürgern und Studenten Lüneburgs die Nachmittags- und Abendstunden. Foto: Irmtraut Prien

Abb. Seite 77: Blick von der Kaufhausbrücke nach Norden. Am linken Ufer erscheinen die mächtigen Speicher des Viskulenhofes. Im Hintergrund schaut man auf den von Linden bestandenen Schifferwall. Rechts: die Wasserseite des Kaufhauses.

Anmerkungen

1. Neues Konversations-Lexikon für alle Stände [...], hrsg. von H. J. Meyer. [...] 14. Band, Hildburghausen und New-York 1860, S. 615
2. Tran: Fischöl
3. Meyers Großes Konversations-Lexikon. 6. Aufl., 18. Band. Leipzig und Wien 1907, S. 45
4. Wilhelm Reinecke: die Straßennamen Lüneburgs. 2. Auflage. Hildesheim und Leipzig 1942, August Lax, Verlagsbuchhandlung, S. 37
5. Beispiele für Neuigkeiten in plattdeutscher Mundart, Verkäufe und verlorene Gegenstände, auf die ein Finderlohn ausgesetzt ist: „Halt: Schellfisch etc. – Da soll auch verkauft werden – da ist auch verloren – wer den gefunden hat, der kann sich bei mir einfinden, der soll ein gutes Trinkgeld haben."
6. Ewer: flache Binnenschiffe mit einem Mast und einem Segel. Der „Fischewer" ist etwa 14 m lang und 4 m breit. Vgl. Eduard Kück: Lüneburger Wörterbuch [...], Erster Band A–H, Neumünster, Karl Wachholtz Verlag 1942, Spalte 408
7. Fischmenger: Fischhändler
8. Neunaugen: aalähnliche, nackte Fische, deren sieben äußere Kiemenspalten man den beiden Augen hinzurechnete
9. Angeboten werden geräucherte Fischspezialitäten: „Lübecker Bückling, Kieler Sprotten von der Karre – frische Ware"
10. Kirschewer: Schiffe mit Kirschen aus dem Obstbaugebiet Altes Land
11. seuite Morellen: plattdeutsch: „süße Morellen", Herzkirschen, eine Sorte Süßkirschen
12. Mattier: Ein halber Mariengroschen wurde im Braunschweigischen und Hannöverschen „Matier" genannt. Die Bezeichnung geht auf einen alten Groschen aus Goslar mit dem Bild des heiligen Matthias zurück.
13. Carl Emmo Vissering: Aus einem Lüneburger Bürgerhause des 19. Jahrhunderts. Erinnerungen von C. Ferdinand Heyn. In: Lüneburger Blätter, Heft 7/8, 1957, S. 117–138. Hier S. 125f.

Der Viskulenhof

Drei Fische tummeln sich munter auf dem Wappen der Patrizierfamilie Viscule, die sich um die Mitte des 14. Jahrhunderts gegenüber dem Kaufhaus am Lüneburger Hafen niederließ. Ihr Name soll sich von einer „Fischkuhle" in der Nähe ihres Stammsitzes ableiten, also einem Teich oder einer Vertiefung in der Ilmenau, in der sie stromaufwärts ziehende Lachse fingen. Der Viskulenhof erstreckte sich über den gesamten Bereich zwischen der Salzstraße am Wasser, der Baumstraße und dem Straßenzug Im Wendischen Dorfe. Er bildete „ein Labyrinth von Höfen und Gängen mit engen Türen und alten Galerien und Treppen, das uns ein Bild gibt, wie

Foto: Raphael Peters, um 1870. Sammlung Boldt

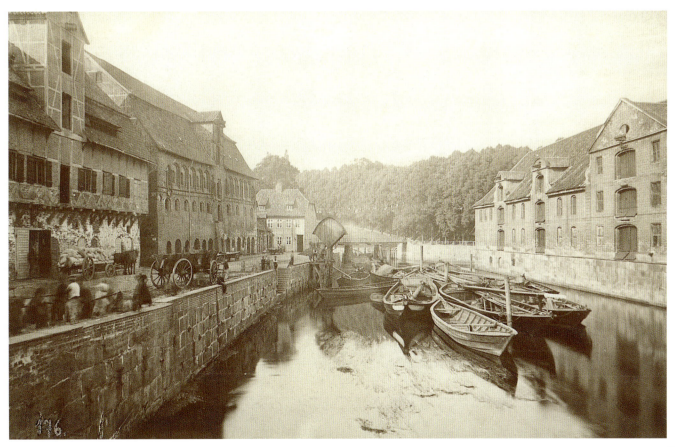

Der Viskulenhof, Nebengebäude. Das Untergeschoss diente als Speicher und Stallung. Im Obergeschoss wohnten Arbeiterfamilien. Foto: Friedrich Schalter, Hamburg, um 1906. Sammlung Boldt

im 16. Jahrhundert eines großen Handelsherren Haus und Hof beschaffen war." So empfand es der Dichter Hermann Löns 1897 bei einem Besuch in Lüneburg.[1]

Das Haupthaus diente als Wohnung, Kontor und Lagerraum. Zu dem Ensemble gehörten weitere Speicher, ein Turm, Gesindehäuser und Ställe. In einer alten Lüneburger Chronik wird sogar berichtet: „Die Fischkuhlen [Visculen] hatten in ihrem großen Hause am Wasser und an der Salzstrasse eine eigene Kapelle mit einem Priester und in dem Thurn [Turm] am Wasser Glocken womit sie zu ihrer Messe läuten ließen. Auf dem dabey liegenden Graßhofe war ein Lusthaus und Lustgarten."[2] Die Familie stellte Sülfmeister[3], Ratsherren und Bürgermeister. Pracht und Reichtum der Visculen endeten 1485 mit dem Konkurs ihres Handelshofes. Mitte des 16. Jahrhunderts starb dieses Patriziergeschlecht aus.

Am 29. Oktober 1932 brannte das Hauptgebäude bis auf die Außenmauern nieder. Zwar baute man es wieder auf, doch ließ man die Gesindehäuser verfallen, bis sie 1954/55 abgerissen werden mussten. Ein verheerendes Feuer vernichtete am 27. Dezember 1959 auch den großen Fachwerkspeicher am Wasser. Nur Reste lassen also noch ein wenig von der Hafenatmosphäre und der Größe des mächtigen Handelshauses erahnen.

In seinem viel gelesenen historischen Roman „Der Sülfmeister" setzte Julius Wolff 1883 dem Viskulenhof ein literarisches Denkmal. Er schildert darin, was er sah und selbst erlebte, vermischt mit historischen Fakten und poetischen Fantasien vom Leben im 15. Jahrhundert:

„Der Viskulenhof war ein umfangreicher, vielgliedriger Bau mit Vorder-, Seiten- und Hintergebäuden, mit langgestreckten Speichern und Salzräumen, mit Beamten- und Arbeiterwohnungen, Stallungen für Frachtgäule und Reitpferde und mehreren Höfen. Dieses in sich abgeschlossene Ganze machte den Eindruck des gediegensten Wohlstandes und glich einer wahren Handelsfeste, der das damit verbundene hochgiebelige Wohnhaus an der Ecke als Herrensitz würdig voranstand. In den Häusern und auf den Höfen regte sich ein lautes, lebhaftes Treiben von vielen eifrig beschäftigten Menschen. Stückgüter von den verschiedensten Formen und dem mannigfaltigsten Inhalt wurden hinein und heraus gefahren, getragen, gewälzt und gerollt, die Winden ächzten und knarrten, und an Seilen schwebten Fässer und Ballen zu den Bodenräumen empor. Auf der Ilmenau vor der einen Langseite der Warenhäuser lagen Schiffe, die befrachtet oder deren Ladungen gelöscht wurden. Es war das buntbewegte Bild eines ausgedehnten Großhandels, der die Erzeugnisse des Nordens mit denen des Südens austauschte, denn hier begegneten sich die Kostbarkeiten des Orients und der Levante, über Venedig kommend, und die Reichtümer aus den Küstenländern des deutschen und baltischen Meeres, durch die Häfen der Hansestädte dem Binnenlande zugeführt.

Daß dieser blühende Handel seine guten Zinsen trug, bezeugte die innere Pracht des großen Wohnhauses. Da war viel reicher Schmuck und feines Gerät, Teppiche, Bildwerk und schöne Gefäße an den Wänden, auf Schränken und Tischen, lauschige Winkel und bequeme Sitzplätze, und über alle Fülle des Köstlichen und Seltenen war doch eine höchst anmutende Wohnlichkeit und Behaglichkeit ausgebreitet. Während draußen Hast und Bewegung, Arbeit und Geschäft geräuschvoll durcheinander fluteten, war hier innen alles zum glücklichen Genießen geschaffen, daß die Bewohner und ihre Gäste schon von diesen üppigen Räumen eingeladen wurden, sich einer fröhlichen Geselligkeit hinzugeben oder einer beschaulichen Ruhe zu pflegen."

Eine Hauptfigur des Romans ist der Böttcherknecht Gilbrecht Henneberg, der nach langer Abwesenheit in seine Heimatstadt zurückkehrt und den Viskulenhof besucht:

Blick durch den Viskulenhof in entgegengesetzter Richtung auf die Rückfront des Hauptgebäudes. Links führen Stiegen zu den Wohnungen aus der Mitte des 16. Jahrhunderts, die 1954/55 abgebrochen wurden. Foto: Eduard Lühr, Lüneburg, 1895. Museum für das Fürstentum Lüneburg

„Gilbrecht trat von der Straße nicht in das Wohnhaus, sondern ging durch die offene Durchfahrt eines Seitenflügels, in der an jeder Wand vier mannshohe, unbehauene Prellsteine Wache hielten. Rechts im Winkel dieses Hofes war eine breite Treppe von Felsplatten und gewaltigen Quadern, die in das Wohnhaus führte. Diese beschritt Gilbrecht, weil er so am nächsten zu den Schreibstuben im unteren Geschosse kam, wo er die Viskules, Vater und Sohn, zu finden hoffte. Er fand sie auch, und nach einer Begrüßung, wie sie freudiger und herzlicher nicht sein konnte, gingen sie hinauf in Herrn Viskules Wohngemach. Hier wurde Gilbrecht nun nach den Erlebnissen seiner vierjährigen Wanderschaft ausgefragt, und es wäre schwer zu entscheiden gewesen, wer ihm dabei eine lebhaftere und innigere Teilnahme entgegenbrachte, der Sohn oder der Vater."

Zu ihnen gesellte sich bald die hübsche, neunzehnjährige „Viskulentochter" Hildegund. Die Jugendgespielen erinnerten sich an viele gemeinsame Erlebnisse. Denn Gilbrecht und seine Schwester Ilsabe hatten ihre freie Zeit mehr auf dem nahen Viskulenhof als im Elternhause zugebracht. Die Kinder tummelten sich dort „auf den Höfen und in den großen Warenhäusern umher und machten dem alten Lagermeister viel zu schaffen, wenn sie aus Fässern, Ballen und Säcken sich Stuben oder Festungen bauten, die jener dann wieder einzureißen und beiseite zu schaffen hatte. Der gutmütige Alte drohte und schalt dann wohl und tat wunder wie grimmig, hatte aber doch seine stille Freude an den vier hübschen Kobolden, die in seinem Gehege herumspukten und das Unterste zuoberst kehrten." Denn den Kindern waren „diese Räume nur Spielplätze, diese aufgestapelten Güter nur Hindernisse oder willkommene Anstalten und Gelegenheiten zu Kletterübungen, Verstecken und fröhlichen Kämpfen gewesen".[4]

Nach dem Konkurs des Viskulenhofes wurde das Haupthaus zum größten Salzspeicher Lüneburgs umgebaut. Direkt am Hafen lagerten nun gewaltige Mengen des „weißen Goldes" und warteten auf den Weitertransport in die Hansestädte am baltischen Meer.

Anmerkungen

1. Hermann Löns: Lüneburg. Eine Herbstfahrt. Herausgegeben von Werner H. Preuß mit Fotos von Irmtraut Prien. Husum 2004, S. 28
2. Vgl. Just Henrich Albers: Chronica Luneburgensis, S. 863. Zitiert nach: Ludwig Albrecht Gebhardi: Auszüge und Abschriften von Urkunden und Handschriften welche vornehmlich das Herzogthum Lüneburg betreffen. Neunter Theil. 1785, S. 214 (Ratsbücherei Lüneburg, Sign. Ms. Luneburg. A 2° 205)
3. Sülfmeister: Salzpfannenpächter, die in Lüneburg herrschende Patrizierkaste. Die plattdeutsche Bezeichnung bedeutet „Selbstmeister", denn die Sülfmeister wurden nicht wegen ihres Könnens oder eines erworbenen Vermögens, sondern nur aufgrund ererbter Rechte „unter die Meister (Herren) der Lüneburger Saline aufgenommen". Sie allein hatten „das Recht zur Pachtung und Besiedung der besonders in den Besitz verschiedener Kirchen und Klöster gelangten Salzpfannen", und damit Zugang zu dem „weißen Gold" Lüneburgs. Ihre Zahl war seit 1488 auf höchstens 54 Personen begrenzt, entsprechend der Anzahl der Siedehäuser auf der Saline. Vgl. Eduard Kück: Lüneburger Wörterbuch. Wortschatz der Lüneburger Heide und ihrer Randgebiete […], Dritter Band S–Z, Neumünster, Karl Wachholtz Verlag 1967, Spalte 332f. Ferner: Wilhelm Reinecke: Geschichte der Stadt Lüneburg. Erster Band. Lüneburg 1933 (Reprint: 1977), S. 359ff.
4. Julius Wolff: Der Sülfmeister. Eine alte Stadtgeschichte in 2 Bänden. Lüneburg, Buchhandlung Perl 1993, S. 46–51

Leben in einem Lüneburger Bürgerhaus

Lüneburg ist eine eigentümlich schöne Stadt. Darin waren sich die Reisenden des 19. Jahrhunderts einig. Hans Christian Andersen, der Lüneburg am 21. Mai 1831 mit der Postkutsche in der Nacht erreichte, schrieb in sein Reisebuch: „Es war gegen elf Uhr, alles in dieser merkwürdigen alten Stadt, die mir so ganz fremd erschien, war still, spitzgieblige Häuser, Erker und Vorbauten ringsum im hellen Mondschein."[1] Und in sein Tagebuch notierte er: „Lüneburg ist die älteste Stadt, die ich bisher gesehen habe. Alle Häuser sahen wie alte Kirchen aus, große Dielen und zickzackförmige Giebel."[2]

Der englische Reisende Henry Montagu Doughty, der Anno 1890 mit Butler und Bootsmann von England über den Kanal nach Hamburg gesegelt war und seinen Bootstörn über die mecklenburgischen Seen bis nach Böhmen fortsetzte, bestätigt diesen Eindruck des dänischen Märchendichters. In Lauenburg an der Elbe beschloss seine Reisegesellschaft, einen Tagesausflug nach Lüneburg zu unternehmen. Begeistert stellt der Gentlemen fest:

„Wir hatten keinen Grund, die Entscheidung zu bedauern, denn Lüneburg bezauberte uns von Anfang bis Ende. Nach Überquerung der Brücke über die Ilmenau befanden wir uns in einer Straße mit Häusern aus dem 16. Jahrhundert auf der einen Seite und einer Hallenkirche aus dem 14. auf der anderen. Die Treppengiebel waren anders als alle, die wir bisher gesehen hatten; anders als die in Bremen und völlig anders als die niederländischen. [...] Die große Höhe und das Format des auf- und absteigenden Mauerwerks waren ein einmaliger Blickfang, ebenso wie der rohe archaische Ziegelstein, der einst sicherlich von bester Qualität, jetzt vom Alter mitgenommen war und bröckelte.

Von der Kirchentür aus sahen wir die breite Straße Am Sande herauf: Häuser jeglichen Alters und Stils, aber alle alt genug, um wunderlich zu sein. Langsam spazierten wir die Straße hoch. Hinter uns war die alte Johanniskirche, auf deren schiefem Turm eine große Spitze

Die Diele des „Brömse-Hauses" am Berge 35 ist typisch für Lüneburger Bürgerhäuser. Aufnahme der Preußischen Meßbildanstalt 1915. Museum für das Fürstentum Lüneburg

Blick durch die Diele des Hauses Lünertorstraße 4 in Richtung Haustür, um 1910. Das Fenster rechts öffnet sich zur Straße Am Werder und ist auf dem folgenden Bild von außen zu erkennen. Postkarte, von Stern'sche Buchdruckerei Lüneburg. Sammlung Boldt

sitzt. Spitze und Kirchendächer sind mit Kupfer gedeckt, das das Wetter grün gebeizt hat.

Die alten Häuser auf jeder Straßenseite sahen sehr danach aus, als hätten patrizische Bürger einst darin gewohnt. Kaum ein Haus ohne eigenartigen Giebel, keine zwei gleich, einige aus rotem Backstein, alt und vom Wetter gezeichnet, andere verputzt. Der Straßenzug wurde von zwei Häusern beschlossen, die sogar in Lüneburg alt genannt werden. Nicht ein Fahrzeug war zu sehen, und nur ein paar Fußgänger störten den mittelalterlichen Eindruck der Szene ein wenig."[3]

Lüneburg besitzt heute noch viele repräsentative Bauten aus dem 14. bis 17. Jahrhundert. Von Kriegen blieb es verschont, doch hat sich das Stadtbild durch Abrisse und Modernisierungen schon verändert. Die Erdgeschosse wurden vielfach den Bedürfnissen großer Kaufhäuser angepasst. Man muss also darauf achten, dass Lüneburg seinen besonderen Charme behält.

Stolz kehren die Patrizierhäuser der Straße einen hohen, durch glasierte Formsteine verzierten Treppengiebel zu. Neben dem Hauptgebäude befand sich ursprünglich eine freie Zufahrt in den Hof, an dem das Hinterhaus, Schuppen und andere Gebäude lagen. Gegen Ende des Mittelalters begann man die Torwege zu überbauen. Diese Anbauten, die von den Altenteilern bewohnt wurden, krönte ein zweiter, kleinerer Treppengiebel. Noch heute erkennt man diese bauliche Anordnung bei manchen Häusern Am Sande.

Zum Portal führte eine Treppe hinauf. An ihrer Seite standen Steinbänke mit verzierten Wangen: die sogenannten „Beischläge". Vor einem für seine Restaurierung ausgezeichneten Haus Am Stintmarkt an der Kaufhausbrücke sind sie noch vorhanden. Neben dem Hauseingang befanden sich oft Kellerluken oder -türen, denn die Keller dienten als Lagerraum. Häufig waren sie auch bewohnt. Ein Windenseil an der Spitze des Giebels zog Bierfässer und Vorräte auf die fünf übereinanderliegenden Speicherböden empor.

Im Innern eines typischen Hauses befand sich ursprünglich nur eine große Diele. Später wurden einige separate Räume eingebaut. Wenn man im frühen 19. Jahrhundert ein solches Gebäude betrat, stieß man hinter der Haustür auf ein paar Stufen, die nach rechts zur etwas erhöhten Stubentur hinauf führten. Die Stube (plattdeutsch: Dornse) war beheizbar und dien-

„Alt-Lüneburg. Am Werder", steht auf der Rückseite dieser Farbpostkarte, um 1915. Der Blick hat sich seitdem wenig verändert. In der Mitte steht das Haus Lünertorstraße 4. Verlag M. L. Carstens, Hamburg. Sammlung Boldt

te als Kontor und Wohnzimmer. Ihre Fenster öffneten sich nach vorn zur Straße hin. Der Stube gegenüber lag auf der linken Seite der Diele die Schreibkammer. An die Stube angrenzend gab es in manchen Häusern noch eine weitere separate Kammer, die nur von einem Fenster zur Diele schwach beleuchtet wurde. Den rechten hinteren Bereich des Erdgeschosses nahm die offene Herdstelle ein. Der Kessel hing an einem Haken über der Feuerstelle. Der Rauch zog durch einen Kaminschacht ab. Eine geschlossene Küche kannte man noch nicht. Licht erhielt die hohe Diele von einem bis an die Decke reichenden Fenster, das die halbe Rückwand des Hauses einnahm und sich zum Hof hin öffnete. Links neben dem Dielenfenster führte eine Tür in das Hinterhaus, wo sich gewöhnlich ein Saal – die „beste Stube" – und eine große Schlafkammer für die Hauseigentümer befanden. Auch Werkstätten und Stallungen waren manchmal in diesem Flügelbau untergebracht, dessen Fenster sich zum Hof und zum Garten öffneten und die schönste Ansicht boten.

Die Diele war zweigeschossig. Die Räume im ersten Obergeschoss erreichte man über eine Treppe, die auf eine Galerie in der Diele hinaufführte. Von dieser führten Türen zu den unbeheizbaren Schlafkammern der Familienangehörigen und des Gesindes, die über den Räumen des Erdgeschosses lagen. Weitere Kammern und Speicher befanden sich im zweiten Obergeschoss. Über dem unteren Saal des

R. Paul Hecht: „Kupfersteinsches Haus" (Lünertorstraße 4). Aquarellierte Farbstiftzeichnung, um 1930. Museum für das Fürstentum Lüneburg

Hinterhauses lag ursprünglich noch ein zweiter. Die höheren Stockwerke nahmen die Speicherböden ein, die von einem großen Windenrad dominiert wurden.

Wie man in diesen „wunderlichen" Häusern im frühen 19. Jahrhundert lebte, schildert Carl Ferdinand Heyn 1895. Den Mittelpunkt des Lebens bildete die große Diele, und über allem wachte die Hausfrau.

„Das helle Feuer in der Küche auf offenem Heerde; das Fleisch am Spieße gebraten; der große, runde Caffeebrenner;[4] die Zunderlade mit Stahl und Feuerstein;[5] Talglichter mit Lichtschere;[6] die Dienstboten in bedruckten Leinenkleidern und Beiderwandröcken[7], auf dem Kopfe die kleine Goldkappe, welche früher jedes Bauernmädchen trug; der große Holzkoffer mit einer Beilade[8] darin unter besonderem Verschluß für etwaige Kostbarkeiten (hiervon das Sprichwort: „wie aus der Beilade genommen" für etwas besonders puikes[9]); die große Laterne mit drei Lichtern, mit welcher der Knecht abends die Herrschaft in der Stadt begleitete; – der auf der Diele oder in der Küche brennende Thrankrüsel[10] als einzige Hauserleuchtung – das sind so Beigaben dieser alten Patrizier-Häuser, welche mir genau erinnerlich sind. [...]

Wer kann es heute noch für möglich halten, daß vor 55 Jahren noch zwei große Kuhheerden aus der Stadt getrieben wurden, die eine aus dem Bardowikerthor in die breite Wiese, die andere vor's rothe Thor[11] in die Wiesen der oberen Ilmenau (rothe Bleiche); daß jedes größere Haus seine Kuh hielt, welche jeden Abend durch die verschiedenen Straßen selbständig und ohne Fehlgang ihren Stall zu finden wußte und früh morgens durch den blasenden Hirten wieder abgeholt wurde. [...]

Meine Mutter war eine echte deutsche Hausfrau von altem Schrot und Korn, thätig und thatkräftig und mit dem Herz auf dem rechten Fleck. Sogenannte Töchterschulen hatte es in ihrer Jugend noch nicht gegeben. In Privatstunden und bei dem Prediger hatte sie ihre Bildung

Blick in den Teil der Straße Am Werder nördlich der Lünertorstraße. Im Hintergrund überragt die Kuppel der Synagoge am Schifferwall ein Gebäude mit hellem Giebel: das Elternhaus des Fabrikanten Carl Ferdinand Heyn.

Foto: Unbekannt, um 1900. Museum für das Fürstentum Lüneburg

erlangt. Sie las aber gern und bildete sich weiter, soweit ihr Hausstand und flicken und stopfen für die Schaar wilder Jungens ihr das gestattete. – Und dieser Hausstand war nicht klein. Außer uns sieben – großgewordenen Geschwistern – wenn ich vier jung gestorbene außer Rechnung lasse – wurde noch ein entfernter Vetter [...] mit uns erzogen, dann waren drei oder vier Commis[12] im Hause, Kutscher und zwei Dienstmädchen. Am Dienstag war Freitischtag für einen Schüler.[13]

In der guten alten Zeit wurde noch vieles im Hause verrichtet, wovon eine Hausfrau jetzt keine Ahnung mehr hat. Es wurde alle Wäsche im Hause besorgt und geplättet, Schweine und selbst Ochsen geschlachtet, Wurst und Sülze gemacht, Fleisch eingepökelt. Es war eine eigene Rauchkammer im Gebrauch; die ordinaire Seife wurde selbst gekocht, auch Lichter gezogen (solche von geringem Fett, welche beim Brennen vielleicht Wassertheilchen wegsprüheten, nannten wir Kneterkatzen.[14] Man denke sich Leuchter aus Eisenblech dazu!!)

Dann wurde eine Kuh und eine Ziege gehalten, zwei Pferde (früher vier Pferde und ein Reitpferd) – trat noch die Sorge für einen Garten dazu, so kann man sich annähernd einen Begriff machen, was eine pflichtgetreue Hausfrau zu thun hatte. [...]

Die Plattdeutsche Sprache herrschte unter den aus dem 18. Jahrhundert stammenden Familienmitgliedern vor und bis 1845 etwa sprach meine Mutter mit den Domestiken[15] nur Plattdeutsch. Etwas früher noch wurde der Knecht mit He und die Magd mit Se angeredet[16], dem Lehrling kam Er und dem Commis – er mochte noch so alt sein – nicht Herr zu, sondern Musche von monsieur, nur dem adligen Mädchen gebührte das Fräulein, die bürgerlichen hießen Mamsellen (von ma demoiselle)."[17]

Anmerkungen

1. Vgl. Aus Andersens Tagebüchern. Band 1. Herausgegeben und aus dem Dänischen übertragen von Heinz Barüske. Frankfurt/Main 1980, S. 79f.
2. Vgl. Hans Christian Andersen: Die frühen Reisebücher. Herausgegeben und aus dem Dänischen übertragen von Gisela Perlet. Hanau/ Main (Leipzig und Weimar) 1984: Schattenbilder von einer Reise in den Harz, die Sächsische Schweiz etc. etc. im Sommer 1831, 155–167
3. Henry Montagu Doughty: Mit Butler und Bootsmann. Ein Bootstörn anno 1890 von Friesland über die mecklenburgischen Seen bis nach Böhmen […], übersetzt von Christina Bechly. Rechlin (Müritz), Quick Maritim Medien 2001, S. 61f. Vgl. die englische Originalausgabe: Our Wherry in Wendish Lands: From Friesland, through the Mecklenburg Lakes, to Bohemia. By H. M. Doughty. Illustrated by his Daughters. Second Edition. London: Jarrold & Sons [1892], S. 93f.
4. Caffeebrenner: Gefäß zum Kaffeerösten
5. Zunderlade: Kasten mit Stahl, Feuerstein und trockenen, alten Lumpen zum Feuermachen
6. Lichtschere: Schere zum Kürzen der Kerzendochte
7. Beiderwandröcke: Röcke aus einem Stoff („Wand"), in dem beide Garne, Wolle und Leinen, miteinander verwoben sind.
8. Holzkoffer: (Aussteuer-)Truhe. In ihr liegt die „Beilade", ein verschließbarer kleiner Kasten („Lade")
9. puikes: etwas Pikantes, Vertrauliches, besonders Wertvolles
10. Thrankrüsel: Vgl. Eduard Kück: Lüneburger Wörterbuch. Wortschatz der Lüneburger Heide und ihrer Randgebiete […], Zweiter Band I–R, Neumünster, Karl Wachholtz Verlag 1962, Spalte 234: „Kräusel, das Lämpchen, der alten Zeit, ein kleiner runder, pfannenförmiger oder viereckiger Tiegel aus Eisen für Tran (oder Öl) und Binsenmark, gewöhnlich am Herdgebälk oder an der Zimmerdecke aufgehängt; auch aus Messing, später krugähnlich aus Blech". Wal- oder Fischtran wurde in das Lampenschälchen gegeben. Damit speisten sich die über die Ecken hinausragenden Dochte aus Binsenmark (Besenperk), das mit einer Nadel aus Binsenstängeln herausgelöst worden war.
11. Rothes Thor: Der Name des Stadttores hat nichts mit der Farbe Rot zu tun. Die Rote Straße führte vielmehr durch das Rote Tor ins Rote Feld, also aus der Stadt auf „gerodete" (von Büschen und Bäumen geräumte) Ackerflur hinaus. Auch der Name „Rothe Bleiche" ist darauf zurückzuführen. Auf den Ilmenauwiesen vor dem Roten Tor wurde Wäsche zum Bleichen in die Sonne gelegt.
12. Commis: Handlungsdiener, Beauftragter des Unternehmers
13. Freitischtag: Mittellose Schüler wurden reihum von mehreren Bürgern zum Mittagessen („Freitisch") eingeladen.
14. Kneterkatzen: plattdeutsch für „Knatter-Kerzen". Zum Lichterziehen (Kerzenmachen) verwendete man Rinder- und Hammeltalg anstelle von Wachs. Das Fett wurde mit Kochsalz, Salpeter und Salmiak in Wasser gekocht, bis dieses zweimal vollständig verdampft war.
15. Domestiken: Gesinde
16. „He" und „Se": plattdeutsch für „Er" und „Sie"
17. Carl Emmo Vissering: Aus einem Lüneburger Bürgerhause des 19. Jahrhunderts. Erinnerungen von C. Ferdinand Heyn. In: Lüneburger Blätter, Heft 7/8, 1957, S. 117–138. Hier S. 122; 119; 126f.

Am Werder

„Werder" ist ein altes Wort für eine Insel in einem Fluß (oder neu Landstrich am Wasser). Man findet es in vielen Ortsnamen: Werder bei Potsdam, Kaiserswerth bei Düsseldorf, Wertheim bei Karlsruhe, Donauwörth und Wörth bei Regensburg. Hamburger Stadtteile heißen Finkenwerder, Billwerder, Georgswerder, Ochsenwerder usw. Auch der Sportverein „Werder Bremen" leitet seinen Namen von einer Insel in der Weser ab, dem Bremer Stadtwerder.

Das Lüneburger Werder lag zwischen Ilmenau und „Kleinem Lösegraben", einem schmalen Kanal, der überschüssiges Wasser von der Abts- und Lünermühle ableitete und die Bewohner des Viertels aus Wassersnot „erlösen" sollte. Der Graben zweigte oberhalb der Mühlen von der Ilmenau ab und führte Oberwasser bis zur Wiedereinmündung in den Fluss hinter dem Kaufhaus. Auf dem Werder lagen also die Lüner Mühle, der Alte Kran, die heutigen Straßenzüge

„Am Schießgraben", Gouache von Rudolf Jochmus, 1871. Von der Lünertorstraße aus schaut man auf den Fuß des Schießgrabenwalles und das „Hotel zum Schiessgraben", hinter dem versteckt das Schützenhaus hervorlugt. Die mächtige Eiche verdeckt den Turm der St. Johanniskirche. Durch die Mitte fließt der „Kleine Lösegraben", über den eine Holzbrücke führt. Dort steht der Maler des nächsten Bildes. Der bewohnte Mauerturm Am Werder diente zeitweilig auch als Spritzenhaus. Rechts im Hintergrund: die Abtswasserkunst. Museum für das Fürstentum Lüneburg

Abb. Seite 89:
Die Abtswasserkunst im Winter. Nicht signiertes Ölgemälde, um 1840. Von der Holzbrücke über den „Kleinen Lösegraben" schaut man auf die Mühleninsel. Links ragt der Schuppen des „Hotels zum Schiessgraben" gerade noch ins Bild. Halb rechts vom Abtswasserturm und dem Mühlensteg, der „Brausebrücke", steht die Remise der Lüner Mühle, die zwischen dem Holzgebäude und dem Mauerturm Am Werder hindurchblickt. Museum für das Fürstentum Lüneburg

Am Fischmarkt und Am Werder sowie die Kaufhausstraße mit dem Kaufhaus. An der Ausmündung des Kanals regulierte ein Wehr den Abfluss des Wassers durch Öffnen oder Schließen eines Tores aus Holzplanken, den „Schützen" oder „Schotten".

Hinter dem Wehr stand ein Gebäude mit dem „Keller" im Unterwasser: die sogenannte „Aalkiste". Sie gehörte zum benachbarten Wohnhaus Am Werder 26, dem Elternhaus des Fabrikanten Carl Ferdinand Heyn (1828–1896). In seinen Memoiren erinnert er sich lebhaft seiner Kinderzeit. Er erzählt auch, wie durch Wasserablassen im „Kleinen Lösegraben" gefischt wurde:

„Die mittlere Ilmenau zwischen den Abts- und den Rathsmühlen hat nach der unteren Ilmenau einen Absturz von etwa acht Fuß und unser Graben entwässerte durch den Keller jener Aalkiste. Dieser Keller hatte einen Lattenfußboden und wenn nachts die Schützen des Wehrs gezogen wurden, so stürzte das Wasser in und durch den Keller in die untere Ilmenau, größere Fische und Aale auf dem Lattenfußboden zurücklassend. [...] Da den Mühlen durch dieses Fischen mittelst Wasserablassens viel von ihrer Wasserkraft entzogen wurde, hat der Müller Behr in späteren Jahren gern zugegriffen, als das Haus zu verkaufen war.
Wir haben Morgens früh viele 100 Aale und manche schöne Lachsforelle aus dem Keller heraufgeholt. An einer Waschbank in dem Graben lag unser Kahn mit einem Fischkasten, und dahinein wurden die Aale dann gesetzt.

Das Schiffen auf dem Graben bis zum Schießgraben (weiter durften wir nicht) war unser Hauptvergnügen von klein auf. Bei passendem Winde setzten wir sogar Segelchen auf. Wir sind alle unzählige Male ins Wasser gefallen, auch in die große Ilmenau, ich sogar einmal von dem hohen Ufer zwischen Pfähle in tiefes Wasser unterhalb der Zugbrücke. Wir sind aber immer gut davongekommen.

Zwischen Haus und Graben lag ein gepflasterter Hof mit vier stattlichen Wallnußbäumen, am Ende desselben der Pferdestall und Kuhstall vor dem Riekenschen Hause und dann in der Längsrichtung des Hauses zwischen der Stadtmauer und dem Graben ein wohlgepflegter Garten, in welchem sich auch unsere Turnanstalt befand, sowie ein Gartenpavillon, ganz von Epheu überwuchert. Auf der andern Seite des Grabens erhob sich zu etwa 70 bis 80 Fuß Höhe der Schifferwall. Hinter diesem lag der Stadtgraben und der Winterhafen für die Schiffe, an der Stelle ungefähr des unteren Theiles des jetzigen Lösegrabens.
Man denke sich zusammen: ein großes Haus, einen Hof, Wasser mit einem Boot, Pferde und Wagen, Kuh und Ziege, den hohen Wall mit Lindenbäumen besetzt als Tummelplatz neben dem Garten und die Kaufhäuser mit ihren Woll-

säcken als Versteckplätze, wenige Schritte nur zum Stadtthore bis ins freie Feld und in das Lünerholz – und daneben keine zu ängstliche Überwachung –, und man wird sich denken können, welche frohe Jugendzeit dort gesunde Knaben verleben mußten.

Der blaue Kittel mit Ledergürtel war bis ins höhere Knabenalter unsere Hauptbekleidung

Kaufhaus und Hafen, aufgenommen vom Schifferwall, dessen Linden links noch zu sehen sind.
Unter ihnen erkennt man ein Geländer und ein helles, kleines Gebäude: die Aalkiste an der Wiedereinmündung des „Kleinen Lösegrabens" in die Ilmenau. Bis zum Bau der Reichenbachstraße 1890 führte ein Fußweg vom Bardowickerwall über die „Baum- oder Wallbrücke" zum Schifferwall. Jenseits der früheren Zugbrücke sieht man am rechten Ufer das sogenannte „Baumhaus". Hier wohnte ein städtischer Beamter, der nachts den Hafen mit einem an Ketten befestigten und mit Eisenspitzen bewehrten Baumstamm versperrte. Im Wasser liegen viele flache Boote, „Ilmenau-Ewer". Zur Durchfahrt unter Brücken konnten die Masten umgelegt werden, indem ein einziger Holzpflock herausgezogen wurde.
Foto: Raphael Peters, Lüneburg, um 1868. Sammlung Boldt

bei derbem Unterzeuge. Wenn der Winter kam, ein dicker Flausrock.[1] Mit dem ging es hinein in den Schnee, auf das Eis – Schlittschuhlaufen auf den Stadtgräben, den Piekschlitten[2] an einem langen Tau um einen Pfahl im Eise rundschleudernd, von dem steilen Walle im Schlitten heruntersausend, Lawinen von dem Walle stürzend, Schneemänner bauen, und wenn der Winter gewichen, gehörte das ganze eben beschriebene Tummelfeld uns zu frohen Jugendspielen, bis wir im Herbst wieder mit den selbstgefertigten Drachen in das Lünerfeld auf den Holzberg zogen."[3]

Anmerkungen

1. Flausrock: Flauschrock, Wollmantel
2. Piekschlitten: Peekschlitten, plattdeutsch „Päiksläg'n". Vgl. Eduard Kück: Lüneburger Wörterbuch. Wortschatz der Lüneburger Heide und ihrer Randgebiete […], Erster Band A–H, Neumünster, Karl Wachholtz Verlag 1942, Spalte 507: „kleiner Kinderschlitten, auf gewöhnlichen Wegen und dem Eise von dem darauf Sitzenden mit zwei Piken gestoßen, bergab auch als Rodelschlitten benutzt". Man saß oder stand auf dem flachen Gestell mit Kufen aus Draht und bewegte den Schlitten durch Abstoßen mit spitzen Stangen („Pieken") vorwärts.
3. Carl Emmo Vissering: Aus einem Lüneburger Bürgerhause des 19. Jahrhunderts. Erinnerungen von C. Ferdinand Heyn. In: Lüneburger Blätter, Heft 7/8, 1957, S. 117–138. Hier S. 119f.

Wassersnot

„Wer wird im Jahre 1900 noch übrig sein von den Leuten, die es miterlebten, daß Lüneburg in jedem Frühjahre den Hochwassergefahren ausgesetzt war", fragt sich in seinen Erinnerungen der Spediteur Carl Ferdinand Heyn: „wie 1838 das Wasser aus der Ilmenau bis an den Sand stand, und wir in unserm Hause Auf dem Werder, trotzdem es aufgetreppt war, auf der Hausdiele kleine Papierkähne schwimmen ließen.

Die Entwässerungsverhältnisse waren dazumal mangelhaft und höchst unzureichend. Der alte Lösegraben vermochte die Frühjahrswasser nicht aufzunehmen. Weil darin regelmäßig Eisstopfungen stattfanden, ging das ganze Hochwasser und der ganze Eisgang durch die Stadt. Die mittlere Ilmenau – zwischen Abts- und Raths-Mühle – hatte namentlich darunter zu leiden. Wir haben 1838 erlebt, daß unser Haus auf dem Werder von drei Seiten von wilden Strömen und Eisschollen bedroht war, namentlich von der Werderstraße hinter der Mauer, von der Kaufhausstraße und von unserm Graben – daß die Eisschollen die ziemlich dicken Wallnußbäume (12 Fuß neben dem Hause) abbrachen – daß wir 36 Stunden mitten im Wasser von jeder Verbindung abgeschnitten waren, daß man uns der Ströme wegen auch mit Kähnen nicht erreichen konnte, das Haus aber ernstlich von den Eisschollen bedroht war und man uns später zu Pferde Lebensmittel brachte.

„Lüneburg, Altenbrückermauer. (Weber's Hof)." Koloriertes Foto: Wilhelm Dreesen, Flensburg, 1904. Otto Meissners Verlag in Hamburg. Sammlung Boldt

Von Hochwasser waren die Gänge und Höfe hinter der Altenbrückermauer zuerst betroffen. Foto: Eduard Lühr, Lüneburg 1895. Sammlung Boldt

Man stelle sich vor, wie häufig ich es erleben mußte, daß, wenn der Schnee schmolz, unsere Kellerfenster zugemauert und Vorbereitungen getroffen wurden, die Möbel des ganzen Parterre hochzubringen und daß unsere Nachbarn unter ähnlichen Mißständen zu leiden hatten."[1]

Besonders wild tobte die Frühjahrsflut im Jahr 1830. Von November 1829 bis zum 25. Februar 1830 hatte Dauerfrost geherrscht. Alle Gewässer waren mit einer dicken Eisschicht bedeckt, als plötzlich starkes Tauwetter eintrat. In der Nacht vom 26. auf den 27. Februar trat die Ilmenau

Foto: Raphael Peters, Lüneburg, um 1885. Sammlung Boldt

Blick von Süden der Ilmenau entlang. In der Ferne ist der Neubau der Abtsmühle von 1880 zu erkennen. Anfang des 20. Jahrhunderts wurden die malerischen kleinen Häuschen hinter der Altenbrückermauer (links im Bild) abgerissen, weil sie den gestiegenen hygienischen Anforderungen nicht mehr genügten. Wiederholt waren in den Höfen und Gängen, in denen die ärmste Bevölkerung Lüneburgs lebte, Seuchen wie Typhus und Cholera ausgebrochen. Wo ihre Häuser standen, verläuft heute die Ilmenaustraße mit einem breiten Parkstreifen.

über die Ufer. In kürzester Zeit schwollen die Wassermassen zu gewaltiger Höhe an, bis sie am Morgen des 28. Februars ebenso rasch wieder absanken, „und am Morgen des 1. März floß die Ilmenau wieder in ihrem gewöhnlichen Bette."[2] Zurück blieb ein Bild der Verheerung.

Für die Stadt Lüneburg und ihre nächste Umgebung war das Hochwasser, „in Verbindung mit den heranstürzenden starken Eismassen, dergestalt zerstörend und gefahrdrohend, daß zwei kleine Häuser innerhalb der Stadt bis auf den Grund weggeschwemmt, und andere Häuser bedeutend beschädigt sind. Besonders haben aber die Wasser-Mühlen in der Stadt erheblichen Schaden gelitten, so wie verschiedene Brücken und andere Bauwerke. Die Rettung der in Lebens-Gefahr gewesenen Menschen ist dagegen gelungen, obwohl zum Theil mit Anstrengung der Rettenden", berichtete damals die Presse.[3] Mit Schiffen wurden die hinter der Mauer wohnenden armen Familien geborgen. Sie „brachten ihre Habe in die Johanniskirche, in welcher daher am Sonntage kein Gottesdienst gehalten werden konnte. [...] Die Wehre bei der Raths- und Lüner Mühle wurden ganz weggerissen".[4]

Es gelang zwar, alle Menschen zu retten, doch an den Folgen der Flut werden noch viele gestorben sein. Denn, so warnt ein Arzt die Lüneburger Bevölkerung, „Häuser, welche dem Durchströmen des Wassers ausgesetzt waren, sind nicht so leicht wieder von der Feuchtigkeit zu befreien, besonders hier, wo durch die größtentheils massiven Mauern und durch die Beschaffenheit unserer Baumaterialien, in den unteren Geschossen ohnehin schon große Feuchtigkeit vorzuwalten pflegt. Diese muß nothwendig einen bedeutenden Grad erreichen, wo nach dem Abfließen des Wassers in den Kellern, unter den Fußböden, hinter Panelen und an anderen niedrigen Stellen unvermeidlich ein Theil davon zurückbleibt, sich in poröse Stoffe einsaugt und um so schwieriger zum Trocknen und Verdunsten zu bringen ist, als alle solche Räume am wenigsten der Sonne und der Luft einen Zugang darbieten.

Schon diese länger andauernde Feuchtigkeit im eingeschlossenen Raume an sich ist der Gesundheit höchst nachtheilig, wird es aber doppelt, wenn sie in Berührung mit animalischen oder vegetabilischen Stoffen dieselben in Fäulniß versetzt und dadurch die Ausdünstungen um so verderblicher macht. Dieses kann beson-

Der von Gärten gesäumte breite Stadtgraben vor der Regulierung zum Lösegraben, fotografiert vom Schießgrabenwall. An seinem Fuß im Vordergrund „Cratos Garten". Dort verläuft heute die Schießgrabenstraße. Foto: Raphael Peters, vor 1872. Museum für das Fürstentum Lüneburg

ders der Fall sein, wo in den Kellern oder anderen Räumen Reste von Kartoffeln, Wurzelwerk und dergleichen im feuchten Schlamme zurückbleiben, oder wo Holz lange eingeschlossen mit der Nässe in Berührung bleibt und entweder fault oder Schwamm erzeugt, welcher nach neueren Beobachtungen der Gesundheit höchst schädlich ist.

Es ist daher nothwendig, in den überschwemmt gewesenen Wohnungen die unteren Räume, Keller, Viehställe etc. möglichst schnell wieder auszutrocknen und zwar durch Reinigen, durch Einbringen von trocknem Sande und vorzüglich durch das Durchströmen der Luft und durch den Zutritt der Sonne und des Lichts, wo dieses nur immer möglich ist."[5]

Eine Überschwemmung von vergleichbarem Ausmaße traf Lüneburg noch einmal am 18. Januar 1841. Mehrere Hundert Menschen wurden obdachlos und zahlreiche Häuser von den Fluten fortgerissen, darunter ein Gebäude neben dem Abtswasserturm und sämtliche Freischleusen der Abts- und Lüner Mühle.

Die Situation besserte sich erst 1874, als nach dem Plan des Stadtbaumeisters Maske der Stadtgraben am Oberlauf der Ilmenau mit einem breiten Schleusenwehr versehen und zum heutigen „Lösegraben" ausgebaut wurde. Die drei Teile des Stadtgrabens ließ er miteinander verbinden, die Straßendämme vor dem Altenbrücker- und dem Lünertor durch Brücken ersetzen, den Winterhafen vor dem Schifferwall beseitigen und das Kanalbett verengen und vertiefen. Heute ist es weniger als halb so breit wie ehedem. Der alte, viel zu lange und zu schmale Lösegraben, der vom Wandrahm bis nach Lüne führte, wurde mit Erde aufgefüllt. Damit „verband Maske die Ausführung einer Lieblingsidee, die Wegräumung der Stadtwälle, die er von jeher zur Erweiterung der Stadt, d. h. zur Gewinnung neuer Bauplätze und Anlage neuer Straßen, dringend empfahl."[6]

Auf dem Wall verschwand eine herrliche, vierreihige Lindenallee und mit ihr „Cratos Garten" am Stadtgraben unterhalb der Bastion. An ihrer Stelle entstand in den folgenden Jahren die Schießgrabenstraße. Mit der Kanalisierung des Stadtgrabens aber war die alljährliche Gefahr der Wassersnot endgültig gebannt.

Anmerkungen

1. Carl Emmo Vissering: Aus einem Lüneburger Bürgerhause des 19. Jahrhunderts. Erinnerungen von C. Ferdinand Heyn. In: Lüneburger Blätter, Heft 7/8, 1957, S. 117–138. Hier S. 123f.
2. Lüneburger Nachrichten, gesammelt von Wilhelm Friedrich Volger. Hrsg. v. Adolf Brebbermann, in: Lüneburger Blätter 24, 1978, S. 7–108. Hier S. 17
3. Lüneburgsche Anzeigen. Für das Jahr 1830. Lüneburg, gedruckt in der von Sternschen Buchdruckerei, S. 122
4. Lüneburger Nachrichten, wie Anm. 2, S. 17f.
5. Dr. E. H. W. Münchmeyer. In: Lüneburgsche Anzeigen. Für das Jahr 1830, wie Anm. 3, S. 123
6. Lüneburger Nachrichten, wie Anm. 2, S. 97

Die Cratos

Über dem großen Fenster an der Südseite der Crato-Villa prangt weithin sichtbar das Familienwappen. Es zeigt einen seltsamen Vogel, der eine goldene Kugel in seinem Fuße hält. Ausgeprägtere Merkmale trägt das Wappentier auf einem Reklameblatt, das W. van den Bruck um 1900 für die „Weingroßhandlung Crato & Co" entwarf. Zum Vorbild könnte ein Jungfernkranich (Anthropoides virgo) gedient haben.

Dieser Zugvogel ist von Südrussland bis Mittelasien verbreitet und überwintert im Nahen Osten. Als Irrgast trifft man ihn aber auch in Deutschland. Er ist kleiner als unserer Kranich (Grus grus) und unterscheidet sich von ihm „durch verlängerte weiße Federbüschel an den Kopfseiten und die verlängerten schwarzen Brustfedern". Junge Tiere tragen ein durchgehend graues Federkleid. Sein „Trompeten ist lauter und rauher

Curt Helm Pomp: „Crato Villa", Federzeichnung 1990. Ansicht vom Schifferwall, Rekonstruktionsentwurf, Hausakte

Ansicht der Crato-Villa von der Lünertorstraße
Foto: Hotel Bergström

als bei unserem Kranich und klingt wie ‚rahó, kroaau, kroaau'."[1] So schildert ihn ein umfassendes Bestimmungsbuch für europäische Vögel.

Der Schrei des Jungfernkranichs hört sich also an wie: „Crato, crato". Das prädestiniert ihn zum Wappenvogel dieser Familie. Der Kranich ist ein bekanntes heraldisches Symbol. Seit der Antike versinnbildlicht er die Tugend der Wachsamkeit vigilatia. Der Legende nach steht immer einer der Vögel Wache, wenn sich seine Artgenossen ausruhen. In dem angezogenen Fuß hält er einen Stein, der herabfällt und ihn aufweckt, falls er einschlafen sollte. So symbolisiert der Kranich auch im Wappen der Cratos Pflichterfüllung und Verantwortung für ihre Mitbürger.

Am 31. Mai 1879 wurde der Bau ihres Wohnhauses an der Lünertorstraße behördlich genehmigt.[2] Entworfen hat es vermutlich der Lüneburger Stadtbaumeister Eduard Friedrich August Maske (1827–1889). Er verwendete gerne hellgelbe Ziegel und bevorzugte den Hannoverschen Rundbogenstil.

Neben seinen vielfältigen öffentlichen Aufgaben nahm Maske auch private Aufträge an, oft ohne Genehmigung des Magistrats. Mit seiner Familie bewohnte er seit 1868 eine stattliche neue Villa an der Roten Straße. Doch seine unerlaubte Nebentätigkeit rechtfertigte er damit, dass er „vollständig außer Stande" sei, „bei meinem festen Diensteinkommen mich und meine Familie meinem Stande gemäß zu unterhalten, wenn ich mir nicht auf solche Weise durch besondere Arbeit noch Zubüßen[3] verschaffe."[4]

Für die Arbeit an der Crato-Villa bedurfte es freilich keiner förmlichen Erlaubnis. Denn sein Bauherr Johann Friedrich Crato (geb. 1821) war selbst ein hoch angesehenes Mitglied des Magistrats. Als Präsident leitete er seit 1870 die vier Jahre zuvor gegründete Lüneburger Handelskammer. Seit Anfang des Jahres 1874 vertrat er die Handel und Gewerbe treibende Bürgerschaft als unbesoldeter Senator auch in der Stadtverwaltung. In beiden Ämtern folgte er auf Carl Ferdinand Heyn. Doch die Vollendung seiner Villa zu erleben, blieb ihm versagt, denn er starb schon am 7. November 1879, vermutlich an Typhus.[5]

Tapete aus der Entstehungszeit der Crato-Villa, Hausakte

Reklameblatt: Weingroßhandlung Crato & Co. Lüneburg, Berlin. W. van den Bruck (Entwurf), Julius Rosenbaum (Lithografie), um 1900. Museum für das Fürstentum Lüneburg

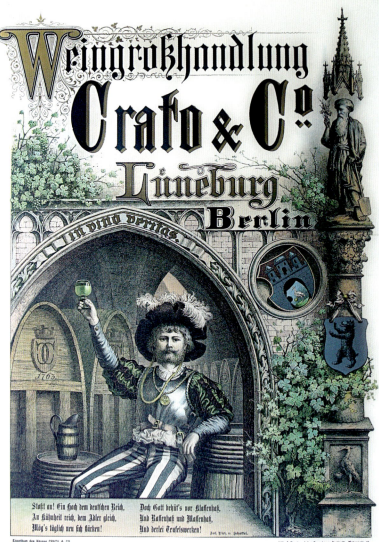

Von 1880 bis 1883 bewohnte seine Witwe Betty, geborene Oschatz, das Wohnhaus. Die obere Etage vermietete sie an einen pensionierten Obergerichtsrat. 1888 wählte ihr Sohn und Erbe, der Weinhändler Ernst Crato, die schlicht-elegante Villa zu seinem Familiendomizil. Er war ein lebensfroher, moderner Unternehmer, der als einer der ersten Lüneburger schon 1903 ein Telefon besaß – mit der Rufnummer 4! Er starb im Jahre 1913. Während dieser und der folgenden Jahre lebten in der Belletage zumeist ältere Personen des gehobenen Bürgertums.

Im 16. Jahrhundert war es üblich, dass humanistische Gelehrte ihre deutschen Namen ins Lateinische oder Griechische übersetzten. Akademiker, die „Kraft" hießen, nannten sich nun „Crato" nach dem griechischen Wort „Kratos" für Kraft, Macht, Herrschaft, das übrigens auch in „Demokratie" enthalten ist.[6] In Lüneburg sind die Cratos seit dem Ende des 17. Jahrhunderts nachweisbar. Ihre Mitglieder unterhielten in der Heiligengeiststraße 43 die Herberge zum „Goldenen Stern". Sie handelten mit Eisen und gründeten 1763 einen Weingroßhandel, der sich dort mehr als 200 Jahre – bis etwa 1974 – in Familienbesitz befand. Als beliebtes Wein- und Tanzlokal existierte der „Crato-Keller" sogar noch weitere 20 Jahre.

Der Kranich im Wappen der Familie Crato. Detail aus dem Reklameblatt

Ein anderer Zweig der Cratos lebte An den Brodbänken. Sie betrieben als Spediteure ein Großhandelsunternehmen und gründeten dort 1788 eine Spielkartenmanufaktur, die als erste kleine Fabrik den Anfang des Industriezeitalters in Lüneburg markierte.[7] Beide Zweige der Familie Crato vereinigten sich um 1835. Danach verschwand die Anschrift An den Brodbänken aus den Adressbüchern.[8]

Die wirtschaftliche Grundlage für die Crato'sche Spielkartenmanufaktur bildete in den Anfangsjahren ein Privileg König Georgs III. von England und Hannover auf alleinige Herstellung von französischen Spielkarten im Fürstentum Lüneburg, ausgestellt „auf Unserem Pallast zu St. James den 4ten July 1788". Dahinter stand die erklärte Absicht, „das für die Spielkarten bisher außer Landes gegangene Geld künftig im Lande zu erhalten."

Die von Johann Friedrich Crato (1755–1834) betriebene Fabrik beschäftigte anfangs nur sieben Gehilfen (Arbeiter), doch brachte sie dem Staat in den ersten sieben Monaten des Jahres 1789 schon 1033 Taler an Steuern ein.[9] Die Belegschaft muss sich rasch vergrößert haben.

Denn 1796 wird die Jahresproduktion der Fabrik schon auf 600 Gros zu 144 Spielen beziffert. Sie belief sich demnach auf 86.400 Kartenspiele.[10]

Von Weihnachten 1788 an war „der Gebrauch aller in der Cratoischen Fabricke nicht verfertigten oder aus deren Niederlage[11] nicht genommenen" Spielkarten zwölf Jahre lang verboten. Auf Zuwiderhandlung stand eine fühlbare Strafe: „Derjenige bey welchem nach Weyhenachten dieses Jahres irgend einige unter dem obigen Verbot begriffene Spielkarten angetroffen werden, soll ohne Unterschied der Person mit Confiscation der Karten und noch außerdem mit einer unabbittlichen Geld-Buße von Vier Reichsthalern für jedes Spiel angesehen werden, wovon die eine Hälfte dem privilegirten Fabrikanten und die andere Hälfte dem Denuncianten zufallen soll."

Crato durfte „an Niemandem in dem Fürstenthum ungestempelte[12] Karten verkaufen oder auf sonst einige Weise überlassen" und sollte „die Spielkarten beständig in gehöriger Güte verfertigen".[13] Der Steuerstempel befand

Johann Friedrich Crato. Foto Julius Rathje, Lüneburg, um 1875. Archiv des MTV-Treubund von 1848

"Feine Deutsche Carten" aus der Lüneburger Spielkartenfabrik Crato, um 1805.
Museum für das Fürstentum Lüneburg

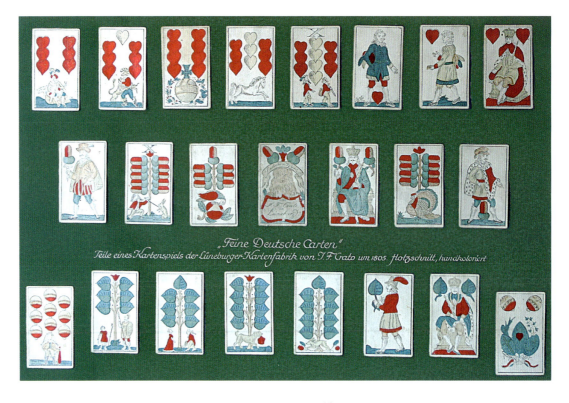

sich bei französischen Kartenspielen auf dem Pik-As, bei Blättern mit deutschen Farben auf dem „Herz-Daus" (Herz As).

Das Publikum war mit der Qualität der Karten sehr zufrieden, und die damalige Presse urteilte: „Schon die erste verfertigte Waare zeichnet sich durch vorzügliche Güte aus, und übertrifft bereits andere, welche man bis jetzt zu den besten Gattungen gerechnet hat, daher dann nicht zu zweifeln steht, daß nach weniger Zeit die Producte dieser Fabrik, den höchsten Grad der Vollkommenheit erreichen werden."[14] Kartenblätter besitzen unter anderem das Deutsche Spielkartenmuseum in Leinfelden-Echterdingen und das Museum für das Fürstentum Lüneburg.

Die Spielkartenfabrik Crato bestand beinahe 100 Jahre. Im „Adreß- und Handbuch der Stadt Lüneburg" für das Jahr 1880 steht unter der Anschrift Heiligengeiststraße 43 zu lesen: „Crato, verw. Senatorin, Weinhandlung und Kartenfabrik."[15] Im selben Jahr bezog sie die neu erbaute „Crato-Villa" an der Lünertorstraße.

Anmerkungen

1. Dr. Wolfgang Makatsch: Wir bestimmen die Vögel Europas. Mit Illustrationen von Kurt Schulze. Leipzig, Radebeul, Neumann Verlag, 3. Auflage 1977, S. 247
2. Vgl. Stadtarchiv Lüneburg (StALg), Sign. P1c 8 vol IV
3. Zubüßen: Zubissen, Zubrot, Zuverdienst
4. StALg, Sign. AA A7b Nr. 221
5. Ein Bildnis Johann Friedrich (Hans) Cratos zeigt Gustav Luntowski: Die Industrie- und Handelskammern und die Entwicklung von Industrie, Handel und Verkehr im Regierungsbezirk Lüneburg. Festschrift zum hundertjährigen Bestehen der Industrie- und Handelskammern für den Regierungsbezirk Lüneburg am 26. Mai 1966, S. 183
6. Vgl. Grosses vollständiges Universal-Lexikon Aller Wissenschaften und Künste [...], Sechster Band, Halle und Leipzig, Verlegts Johann Heinrich Zedler 1733, Spalte 1547f.
7. Vgl. Gustav Luntowski: Lüneburger Unternehmer im 19. Jahrhundert. In: Lüneburger Blätter. Heft 15/16. Lüneburg 1965, S. 5–20. Hier: S. 7f.
8. Vgl. die Lüneburger Anschriften in: Hamburgisches Adress-Buch, Jahrgänge 1803–1842, Hamburg, verlegt und gedruckt von den Hermann'schen Erben, am Fischmarkt
9. Vgl. Wilhelm Glöde: Spielkarten in Lüneburg. Handelsherr Crato hatte das Herstellermonopol. In: Landeszeitung für die Lüneburger Heide, 9./10. Okt. 1976, S. 39. Der Artikel ist allerdings nicht frei von Fehlern.
10. Vgl. Christian Louis [Ludwig] Albrecht Patje: Kurzer Abriß des Fabriken-, Gewerbe-, und Handlungszustandes in den Churbraunschweigisch–Lüneburgischen Landen. Göttingen, Vandenhoek und Ruprecht 1796. Zitiert in dem sehr sachkundigen Beitrag von Peter Endebrock: Aus den Anfängen der Spielkartenfabrik Crato in Lüneburg. In: Das Blatt, Nr. 12, Dez. 1995, S. 1–14

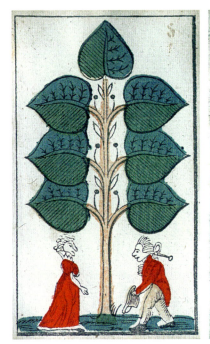

11. Niederlage: Niederlassung, Geschäft
12. ungestempelt: unversteuert
13. Original des gedruckten Privilegs: Niedersächsische Landesbibliothek Hannover. Kopie: Museum für das Fürstentum Lüneburg, Mappe: Mp 15,5
14. Annalen der Braunschweig–Lüneburgischen Churlande, herausgegeben von Jacobi und Kraut. Zweyter Jahrgang. Drittes Stück. Hannover, gedruckt bey W. Pockwitz, jun. 1788, S. 173f.
15. Adreß- und Handbuch der Stadt Lüneburg. Achter Jahrgang. 1880. Lüneburg. Verlag Engel's Buch- und Kunsthandlung, S. 99

Einzelne Deutsche Spielkarten der Crato'schen Manufaktur: „Grün (Schüppen) Sieben" und „Eicheln (Eckern, Treff) Daus" entsprechen „Pique Sieben" und „Kreuz Ass" im französischen Blatt.

Der kluge Kranich

Aus: Wilhelm Busch:
Zu guter Letzt.
In: Historisch-kritische
Gesamtausgabe in
vier Bänden, hrsg. v.
Friedrich Bohne, Band
4, Wiesbaden u. Berlin
1960, S. 277f.
Foto: Werner Preuß

Ich bin mal so, sprach Förster Knast,
Die Flunkerei ist mir verhaßt,
Doch sieht man oft was Sonderbares.
Im Frühling vor fünf Jahren war es,

Als ich stockstill, den Hahn gespannt,
Bei Mondschein vor dem Walde stand.
Da läßt sich plötzlich flügelsausend
Ein Kranichheer, wohl an die tausend,
Ganz dicht zu meinen Füßen nieder.
Sie kamen aus Ägypten wieder
Und dachten auf der Reise nun
Sich hier ein Stündchen auszuruhn.

Ich selbstverständlich, schlau und sacht,
Gab sehr genau auf alles acht.

Du, Hans, so rief der Oberkranich,
Hast heut die Wache, drum ermahn ich
Dich ernstlich, halt dich stramm und paß
Gehörig auf, sonst gibt es was.

Bald schlief ein jeder ein und sägte.
Hans aber stand und überlegte.

Er nahm sich einen Kieselstein,
Erhob ihn mit dem rechten Bein
Und hielt sich auf dem linken nur
In Gleichgewicht und Positur.

Der arme Kerl war schrecklich müd.
Erst fiel das linke Augenlid.
Das rechte blinzelt zwar noch schwach,
Dann aber folgt's dem andern nach.
Er schnarcht sogar. Ich denke schon:
Wie wird es dir ergehn, mein Sohn?

So denk ich, doch im Augenblick,
Als ich es dachte, geht es klick!
Der Stein fiel Hänschen auf die Zeh,
Das weckt ihn auf, er schreit auweh!

Er schaut sich um, hat mich gewittert,
Pfeift, daß es Mark und Bein erschüttert,
Und allsogleich im Winkelflug
Entschwebt der ganze Heereszug.
Ich rief hurra! und schwang den Hut.

Der Vogel der gefiel mir gut.
Er lebt auch noch. Schon oft seither
Sah man ihn fern am Schwarzen Meer
Auf einem Bein auf Posten stehn.
Dies schreibt mein Freund, der Kapitän,

Und was er sagt, ist ohne Frage
So wahr, als was ich selber sage.

Die Kunst des Reisens

Mit wachen und träumenden Augen zugleich durch die Welt zu gehen, ist das möglich? Ja, das ist die Kunst der Künstler! Sozusagen mit geschlossenen Augen die Welt zu entdecken: nach Rom oder Athen zu reisen und im Tumult der Großstadt die Antike vor dem inneren Auge wieder lebendig werden zu lassen.

Den Genius Loci, den Geist eines Ortes, kennenzulernen, das ist die Kunst des Reisens. Wenn sich die Häuser, Straßen und Plätze einer Stadt mit dem Wissen um ihre Geschichte verbinden, wenn Erzählungen von vergangenen Begebenheiten die Fantasie anregen, dann bekommt die Stadt eine „Seele", dann sind wir in ihr angekommen. Je deutlicher unsere Vorstellungen sind, desto feiner können wir auch das Geschaute genießen.

Dazu etwas beizutragen und Ihnen das Lüneburger Wasserviertel etwas näherzubringen, war mein Wunsch. Ich hoffe, dass Bilder und Geschichten Ihnen gefallen haben.

Werner H. Preuß

Große Umschlagabbildung vorne: Das Alte Kaufhaus am Hafen. Aufnahme der Preußischen Meßbildanstalt 1915. Museum für das Fürstentum Lüneburg
Umschlagabbildung hinten: Visualisierung des neuen Hotels im Alten Kaufhaus von Johann von Mansberg, 2009
Große Karte auf den Vorsatzblättern:
Bearbeiteter und kolorierter Ausschnitt aus:
„Grundriss von Lüneburg nebst Umgebung 1856. Eigenthum, Druck und Verlag von Heinrich König in Lüneburg"
Museum für das Fürstentum Lüneburg

Titel der englischen Ausgabe:
„Lüneburg's Harbor District" von Werner H. Preuß
übersetzt von Robin Elizabeth Backhaus
Husum Druck- und Verlagsgesellschaft mbH u. Co. KG
Husum 2004, 2., erweiterte Auflage 2010
ISBN 978-3-89876-500-8

2., erweiterte Auflage 2010
© 2004 Dr. Werner H. Preuß und
Husum Druck- und Verlagsgesellschaft mbH u. Co. KG, Husum
Recherche, Text und Redaktion: Dr. Werner H. Preuß
Gestaltung: Angela Schoop
Druck und Verlag:
Husum Druck- und Verlagsgesellschaft, Postfach 1480, D-25804 Husum – www.verlagsgruppe.de
ISBN 978-3-98976-489-6

Von Werner H. Preuß sind bei der Verlagsgruppe Husum erschienen:

H. Wilh. H. Mithoff: Kunstdenkmale und Alterthümer im Hannoverschen. Vierter Band: Fürstenthum Lüneburg. Neudruck der Ausgabe: Hannover 1877. Mit einem kommentierenden Anhang von Werner H. Preuß.
Husum Verlag 2010
ISBN 978-3.89876-478-0

Hans-Günther Griep: Das Bürgerhaus der baltischen Städte. Herausgegeben von Werner H. Preuß im Auftrag der Kulturstiftung der deutschen Vertriebenen.
Husum 2009
ISBN 978-3-89876-402-5

Heinrich Heine und das Heine-Haus in Lüneburg. Herausgegeben von der Literarischen Gesellschaft Lüneburg e. V. und der Gesellschaft für Christlich-jüdische Zusammenarbeit e. V. Lüneburg.
Husum Verlag 2007
ISBN 978-3-89876-358-5

Das Gesicht der Göhrde. Fürstliches Jagdschloss und demokratische Bildungsstätte. 60 Jahre Heimvolkshochschule Jagdschloss Göhrde.
Husum Verlag 2006
ISBN13 978-3-89876-313-4

Rudolph Christiani (1798–1858). Heinrich Heines eleganter Vetter – der „Mirabeau der Lüneburger Heide".
Verlag der Nation 2004
ISBN 3-373-00521-3

Das Lüneburger Wasserviertel. 1. Auflage.
Husum Verlag 2004
ISBN 978-3-89876-163-5 (vergriffen)

Lüneburg's Harbor District. Translated by Robin Elizabeth Backhaus. Husum Verlag 2004
ISBN 978-3-89876-164-2

Hermann Löns: Lüneburg. Eine Herbstfahrt. Herausgegeben von Werner H. Preuß mit Fotos von Irmtraut Prien. Husum Verlag 2004
ISBN 978-3-89876-151-2

Stadtentwicklung und Architektur – Lüneburg im 20. Jahrhundert. Herausgegeben von Dr. Werner H. Preuß für den Trägerverein Hundert Jahre Stadtentwicklung und Architektur in Lüneburg e. V. Husum Verlag 2001
ISBN: 978-3-89876-004-1

Lüneburg: Stadt und Land zwischen Elbe und Heide. Werner Preuß, Text; Paul Mahrt, Irmtraut Prien, Fotos. Husum Verlag 1995
ISBN 3-88042-736-4 (vergriffen)

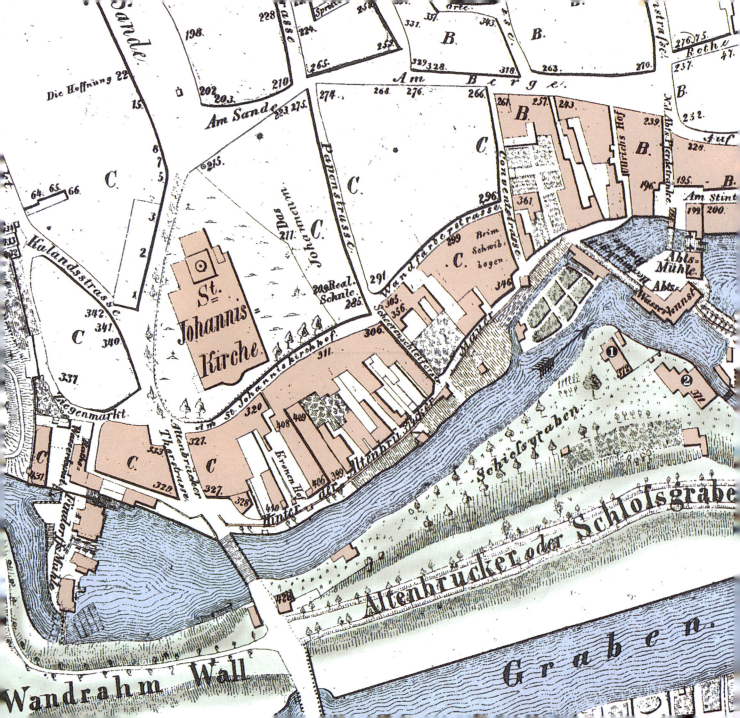